Alfred Larchet

Sergent Major –

110ème Régiment d'Infanterie

Dunkerque.

1 Janvier 1920

Contes du Lundi

Contes
du Lundi

Par

Alphonse Daudet

Paris

Nelson, Éditeurs

189, rue Saint-Jacques

Londres, Édimbourg et New-York

ALPHONSE DAUDET
né en 1840, mort en 1897

———

*Première édition des « Contes
du Lundi » : 1873*

TABLE

PREMIÈRE PARTIE

LA FANTAISIE ET L'HISTOIRE

DEUXIÈME PARTIE
CAPRICES ET SOUVENIRS

PREMIÈRE PARTIE
LA FANTAISIE ET L'HISTOIRE

LA DERNIÈRE CLASSE

RÉCIT D'UN PETIT ALSACIEN

CE matin-là j'étais très en retard pour aller à l'école, et j'avais grand'peur d'être grondé, d'autant que M. Hamel nous avait dit qu'il nous interrogerait sur les participes, et je n'en savais pas le premier mot. Un moment l'idée me vint de manquer la classe et de prendre ma course à travers champs.

Le temps était si chaud, si clair !

On entendait les merles siffler à la lisière du bois, et dans le pré Rippert, derrière la scierie, les Prussiens qui faisaient l'exercice. Tout cela me tentait bien plus que la règle des participes ; mais j'eus la force de résister, et je courus bien vite vers l'école.

En passant devant la mairie, je vis qu'il y avait du monde arrêté près du petit grillage aux affiches. Depuis deux ans, c'est de là que nous sont venues toutes les mauvaises nouvelles, les batailles per-

dues, les réquisitions, les ordres de la comman-
dature ; et je pensai sans m'arrêter :

« Qu'est-ce qu'il y a encore ? »

Alors, comme je traversais la place en courant,
le forgeron Wachter, qui était là avec son ap-
prenti en train de lire l'affiche, me cria :

— « Ne te dépêche pas tant, petit ; tu y arri-
veras toujours assez tôt à ton école ! »

Je crus qu'il se moquait de moi, et j'entrai tout
essoufflé dans la petite cour de M. Hamel.

D'ordinaire, au commencement de la classe, il se
faisait un grand tapage qu'on entendait jusque
dans la rue, les pupitres ouverts, fermés, les leçons
qu'on répétait très haut tous ensemble en se
bouchant les oreilles pour mieux apprendre, et la
grosse règle du maître qui tapait sur les tables :

« Un peu de silence ! »

Je comptais sur tout ce train pour gagner mon
banc sans être vu ; mais justement ce jour-là tout
était tranquille, comme un matin de dimanche.
Par la fenêtre ouverte, je voyais mes camarades
déjà rangés à leurs places, et M. Hamel, qui passait et repassait avec la terrible règle en fer sous le
bras. Il fallut ouvrir la porte et entrer au milieu
de ce grand calme. Vous pensez, si j'étais rouge et
si j'avais peur !

Eh bien, non. M. Hamel me regarda sans colère et me dit très doucement :

« Va vite à ta place, mon petit Frantz ; nous allions commencer sans toi. »

J'enjambai le banc et je m'assis tout de suite à mon pupitre. Alors seulement, un peu remis de ma frayeur, je remarquai que notre maître avait sa belle redingote verte, son jabot plissé fin et la calotte de soie noire brodée qu'il ne mettait que les jours d'inspection ou de distribution de prix. Du reste, toute la classe avait quelque chose d'extraordinaire et de solennel. Mais ce qui me surprit le plus, ce fut de voir au fond de la salle, sur les bancs qui restaient vides d'habitude, des gens du village assis et silencieux comme nous, le vieux Hauser avec son tricorne, l'ancien maire, l'ancien facteur, et puis d'autres personnes encore. Tout ce monde-là paraissait triste ; et Hauser avait apporté un vieil abécédaire mangé aux bords qu'il tenait grand ouvert sur ses genoux, avec ses grosses lunettes posées en travers des pages.

Pendant que je m'étonnais de tout cela, M. Hamel était monté dans sa chaire, et de la même voix douce et grave dont il m'avait reçu, il nous dit :

« Mes enfants, c'est la dernière fois que je vous fais la classe. L'ordre est venu de Berlin de ne plus enseigner que l'allemand dans les écoles de l'Alsace et de la Lorraine... Le nouveau maître arrive demain. Aujourd'hui c'est votre dernière leçon de français. Je vous prie d'être bien attentifs. »

Ces quelques paroles me bouleversèrent. Ah ! les misérables, voilà ce qu'ils avaient affiché à la mairie.

Ma dernière leçon de français !...

Et moi qui savais à peine écrire ! Je n'apprendrais donc jamais ! Il faudrait donc en rester là ! Comme je m'en voulais maintenant du temps perdu, des classes manquées à courir les nids ou à faire des glissades sur la Saar ! Mes livres que tout à l'heure encore je trouvais si ennuyeux, si lourds à porter, ma grammaire, mon histoire sainte me semblaient à présent de vieux amis qui me feraient beaucoup de peine à quitter. C'est comme M. Hamel. L'idée qu'il allait partir, que je ne le verrais plus, me faisait oublier les punitions, les coups de règle.

Pauvre homme !

C'est en l'honneur de cette dernière classe qu'il avait mis ses beaux habits du dimanche, et maintenant je comprenais pourquoi ces vieux du village étaient venus s'asseoir au bout de la salle. Cela semblait dire qu'ils regrettaient de ne pas y être venus plus souvent, à cette école. C'était aussi comme une façon de remercier notre maître de ses quarante ans de bons services, et de rendre leurs devoirs à la patrie qui s'en allait...

J'en étais là de mes réflexions, quand j'entendis appeler mon nom. C'était mon tour de réciter. Que n'aurais-je pas donné pour pouvoir dire tout au long cette fameuse règle des participes, bien haut, bien clair, sans une faute ; mais je m'embrouillai aux premiers mots, et je restai debout à me balancer dans mon banc, le cœur gros, sans oser lever la tête. J'entendais M. Hamel qui me parlait :

« Je ne te gronderai pas, mon petit Frantz, tu dois être assez puni... voilà ce que c'est. Tous les jours on se dit : Bah ! j'ai bien le temps. J'apprendrai demain. Et puis tu vois ce qui arrive... Ah ! ç'a été le grand malheur de notre Alsace de toujours remettre son instruction à demain. Maintenant ces gens-là sont en droit de nous dire : Comment ! Vous prétendiez être Français, et vous ne savez ni parler ni écrire votre langue !... Dans tout ça, mon pauvre Frantz, ce n'est pas encore toi le plus coupable. Nous avons tous notre bonne part de reproches à nous faire.

« Vos parents n'ont pas assez tenu à vous voir instruits. Ils aimaient mieux vous envoyer tra-

vailler à la terre ou aux filatures pour avoir quelques sous de plus. Moi-même n'ai-je rien à me
reprocher ? Est-ce que je ne vous ai pas souvent
fait arroser mon jardin au lieu de travailler ? Et
quand je voulais aller pêcher des truites, est-ce
que je me gênais pour vous donner congé ?... »

Alors d'une chose à l'autre, M. Hamel se mit à
nous parler de la langue française, disant que c'était
la plus belle langue du monde, la plus claire, la
plus solide : qu'il fallait la garder entre nous et
ne jamais l'oublier, parce que, quand un peuple
tombe esclave, tant qu'il tient bien sa langue, c'est
comme s'il tenait la clef de sa prison [1]... Puis il prit
une grammaire et nous lut notre leçon. J'étais
étonné de voir comme je comprenais. Tout ce
qu'il disait me semblait facile, facile. Je crois
aussi que je n'avais jamais si bien écouté, et que
lui non plus n'avait jamais mis autant de patience
à ses explications. On aurait dit qu'avant de s'en
aller le pauvre homme voulait nous donner tout
son savoir, nous le faire entrer dans la tête d'un
seul coup.

La leçon finie, on passa à l'écriture. Pour ce
jour-là, M. Hamel nous avait préparé des exem-

[1] « S'il tient sa langue, — il tient la clé qui de ses chaînes le
délivre. »   F. MISTRAL.

ples tout neufs, sur lesquels était écrit en belle ronde : *France, Alsace, France, Alsace.* Cela faisait comme des petits drapeaux qui flottaient tout autour de la classe pendus à la tringle de nos pupitres. Il fallait voir comme chacun s'appliquait, et quel silence ! On n'entendait rien que le grincement des plumes sur le papier. Un moment des hannetons entrèrent ; mais personne n'y fit attention, pas même les tout petits qui s'appliquaient à tracer leurs *bâtons*, avec un cœur, une conscience, comme si cela encore était du français... Sur la toiture de l'école, des pigeons roucoulaient tout bas, et je me disais en les écoutant :

« Est-ce qu'on ne va pas les obliger à chanter en allemand, eux aussi ? »

De temps en temps, quand je levais les yeux de dessus ma page, je voyais M. Hamel immobile dans sa chaire et fixant les objets autour de lui, comme s'il avait voulu emporter dans son regard toute sa petite maison d'école... Pensez ! depuis quarante ans, il était là à la même place, avec sa cour en face de lui et sa classe toute pareille. Seulement les bancs, les pupitres s'étaient polis, frottés par l'usage ; les noyers de la cour avaient grandi, et le houblon qu'il avait planté lui-même enguirlandait maintenant les fenêtres jusqu'au toit.

Quel crève-cœur ça devait être pour ce pauvre homme de quitter toutes ces choses, et d'entendre sa sœur qui allait, venait, dans la chambre au-dessus, en train de fermer leurs malles ! car ils devaient partir le lendemain, s'en aller du pays pour toujours.

Tout de même il eut le courage de nous faire la classe jusqu'au bout. Après l'écriture, nous eûmes la leçon d'histoire ; ensuite les petits chantèrent tous ensemble le BA BE BI BO BU. Là-bas au fond de la salle, le vieux Hauser avait mis ses lunettes, et, tenant son abécédaire à deux mains, il épelait les lettres avec eux. On voyait qu'il s'appliquait lui aussi ; sa voix tremblait d'émotion, et c'était si drôle de l'entendre, que nous avions tous l'envie de rire et de pleurer. Ah ! je m'en souviendrai de cette dernière classe...

Tout à coup l'horloge de l'église sonna midi, puis l'Angelus. Au même moment, les trompettes des Prussiens qui revenaient de l'exercice écla-tèrent sous nos fenêtres... M. Hamel se leva, tout pâle, dans sa chaire. Jamais il ne m'avait paru si grand.

« Mes amis, dit-il, mes amis, je... je... »

Mais quelque chose l'étouffait. Il ne pouvait pas achever sa phrase.

Alors il se tourna vers le tableau, prit un morceau de craie, et, en appuyant de toutes ses forces, il écrivit aussi gros qu'il put :

« Vive la France ! »

Puis il resta là, la tête appuyée au mur, et, sans parler, avec sa main il nous faisait signe :

« C'est fini... allez-vous-en. »

LA PARTIE DE BILLARD

COMME on se bat depuis deux jours et qu'ils ont passé la nuit sac au dos sous une pluie torrentielle, les soldats sont exténués. Pourtant voilà trois mortelles heures qu'on les laisse se morfondre, l'arme au pied, dans les flaques des grandes routes, dans la boue des champs détrempés.

Alourdis par la fatigue, les nuits passées, les uniformes pleins d'eau, ils se serrent les uns contre les autres pour se réchauffer, pour se soutenir. Il y en a qui dorment tout debout, appuyés au sac d'un voisin, et la lassitude, les privations se voient mieux sur ces visages détendus, abandonnés dans le sommeil. La pluie, la boue, pas de feu, pas de soupe, un ciel bas et noir, l'ennemi qu'on sent tout autour. C'est lugubre...

Qu'est-ce qu'on fait là ? Qu'est-ce qui se passe ?

Les canons, la gueule tournée vers le bois, ont l'air de guetter quelque chose. Les mitrailleuses

embusquées regardent fixement l'horizon. Tout
semble prêt pour une attaque. Pourquoi n'attaque-
t-on pas ? Qu'est-ce qu'on attend ?...

On attend des ordres, et le quartier général n'en
envoie pas.

Il n'est pas loin cependant le quartier général.
C'est ce beau château Louis XIII dont les briques
rouges, lavées par la pluie, luisent à mi-côte entre
les massifs. Vraie demeure princière, bien digne de
porter le fanion d'un maréchal de France. Derrière
un grand fossé et une rampe de pierre qui les sépa-
rent de la route, les pelouses montent tout droit
jusqu'au perron, unies et vertes, bordées de vases
fleuris. De l'autre côté, du côté intime de la maison,
les charmilles font des trouées lumineuses, la pièce
d'eau où nagent des cygnes s'étale comme un miroir, et sous le toit en pagode d'une immense volière, lançant des cris aigus dans le feuillage, des
paons, des faisans dorés battent des ailes et font
la roue. Quoique les maîtres soient partis, on ne
sent pas là l'abandon, le grand lâchez-tout de la
guerre. L'oriflamme du chef de l'armée a préservé
jusqu'aux moindres fleurettes des pelouses, et
c'est quelque chose de saisissant de trouver, si
près du champ de bataille, ce calme opulent qui
vient de l'ordre des choses, de l'alignement correct

des massifs, de la profondeur silencieuse des avenues.

La pluie, qui tasse là bas de si vilaine boue sur les chemins et creuse des ornières si profondes, n'est plus ici qu'une ondée élégante, aristocratique, avivant la rougeur des briques, le vert des pelouses, lustrant les feuilles des orangers, les plumes blanches des cygnes. Tout reluit, tout est paisible. Vraiment, sans le drapeau qui flotte à la crête du toit, sans les deux soldats en faction devant la grille, jamais on ne se croirait au quartier général. Les chevaux reposent dans les écuries. Çà et là on rencontre des brosseurs, des ordonnances en petite tenue flânant aux abords des cuisines, ou quelque jardinier en pantalon rouge promenant tranquillement son râteau dans le sable des grandes cours.

La salle à manger, dont les fenêtres donnent sur le perron, laisse voir une table à moitié desservie, des bouteilles débouchées, des verres ternis et vides, blafards sur la nappe froissée, toute une fin de repas, les convives partis. Dans la pièce à côté, on entend des éclats de voix, des rires, des billes qui roulent, des verres qui se choquent. Le maréchal est en train de faire sa partie, et voilà pourquoi l'armée attend des ordres. Quand le maréchal a commencé sa partie, le ciel peut bien crouler, rien au monde ne saurait l'empêcher de la finir.

Le billard !

C'est sa faiblesse à ce grand homme de guerre. Il est là, sérieux comme à la bataille, en grande tenue, la poitrine couverte de plaques, l'œil brillant, les pommettes enflammées, dans l'animation du repas, du jeu, des grogs. Ses aides de camp l'entourent, empressés, respectueux, se pâmant d'admiration à chacun de ses coups. Quand le maréchal fait un point, tous se précipitent vers la marque ; quand le maréchal a soif, tous veulent lui préparer son grog. C'est un froissement d'épaulettes et de panaches, un cliquetis de croix et d'aiguillettes ; et de voir tous ces jolis sourires, ces fines révérences de courtisans, tant de broderies et d'uniformes neufs, dans cette haute salle à boiseries de chêne, ouverte sur des parcs, sur des cours d'honneur, cela rappelle les automnes de Compiègne et repose un peu des capotes souillées qui se morfondent là-bas au long des routes et font des groupes si sombres sous la pluie.

Le partenaire du maréchal est un petit capitaine d'état-major, sanglé, frisé, ganté de clair, qui est de première force au billard et capable de rouler tous les maréchaux de la terre, mais il sait se tenir à une distance respectueuse de son chef, et s'applique à ne pas gagner, à ne pas perdre non plus trop facilement. C'est ce qu'on appelle un officier d'avenir...

Attention, jeune homme, tenons-nous bien. Le maréchal en a quinze, et vous dix. Il s'agit de mener la partie jusqu'au bout comme cela, et vous aurez plus fait pour votre avancement que si vous étiez dehors avec les autres, sous ces torrents d'eau qui noient l'horizon, à salir votre bel uniforme, à ternir l'or de vos aiguillettes, attendant des ordres qui ne viennent pas.

C'est une partie vraiment intéressante. Les billes courent, se frôlent, croisent leurs couleurs. Les bandes rendent bien, le tapis s'échauffe... Soudain la flamme d'un coup de canon passe dans le ciel. Un bruit sourd fait trembler les vitres. Tout le monde tressaille ; on se regarde avec inquiétude. Seul le maréchal n'a rien vu, rien entendu : penché sur le billard, il est en train de combiner un magnifique effet de recul ; c'est son fort, à lui, les effets de recul !...

Mais voilà un nouvel éclair, puis un autre. Les coups de canon se succèdent, se précipitent. Les aides de camp courent aux fenêtres. Est-ce que les Prussiens attaqueraient ?

« Eh bien, qu'ils attaquent ! dit le maréchal en mettant du blanc... A vous de jouer, capitaine. »

L'état-major frémit d'admiration. Turenne endormi sur un affût n'est rien auprès de ce maréchal, si calme devant son billard au moment de l'action... Pendant ce temps le vacarme redouble. Aux secousses du canon se mêlent les déchirements des mitrailleuses, les roulements des feux de peloton. Une buée rouge, noire sur les bords, monte au bout des pelouses. Tout le fond du parc est embrasé. Les paons, les faisans effarés clament dans la volière ; les chevaux arabes, sentant la poudre, se cabrent au fond des écuries. Le quartier général commence à s'émouvoir. Dépêches sur dépêches. Les estafettes arrivent à bride abattue. On demande le maréchal.

Le maréchal est inabordable. Quand je vous disais que rien ne pourrait l'empêcher d'achever sa partie.

« A vous de jouer, capitaine. »

Mais le capitaine a des distractions. Ce que c'est pourtant que d'être jeune ! Le voilà qui perd la tête, oublie son jeu et fait coup sur coup deux séries, qui lui donnent presque partie gagnée. Cette fois le maréchal devient furieux. La surprise, l'indignation éclatent sur son mâle visage. Juste

à ce moment, un cheval lancé ventre à terre s'abat
dans la cour. Un aide de camp couvert de boue
force la consigne, franchit le perron d'un saut :
« Maréchal ! maréchal !... » Il faut voir comme il est
reçu... Tout bouffant de colère et rouge comme un
coq, le maréchal paraît à la fenêtre, sa queue de
billard à la main :

« Qu'est-ce qu'il y a ?... Qu'est-ce que c'est ?...
Il n'y a donc pas de factionnaire par ici ?

— Mais, maréchal...

— C'est bon... Tout à l'heure... Qu'on attende
mes ordres, nom d... D... ! »

Et la fenêtre se referme avec violence.

Qu'on attende ses ordres !

C'est bien ce qu'ils font, les pauvres gens. Le vent
leur chasse la pluie et la mitraille en pleine figure.
Des bataillons entiers sont écrasés, pendant que
d'autres restent inutiles, l'arme au bras, sans pouvoir se rendre compte de leur inaction. Rien à
faire. On attend des ordres... Par exemple, comme
on n'a pas besoin d'ordres pour mourir, les hommes
tombent par centaines derrière les buissons, dans
les fossés, en face du grand château silencieux.
Même tombés, la mitraille les déchire encore, et
par leurs blessures ouvertes coule sans bruit le
sang généreux de la France... Là-haut, dans la

salle de billard, cela chauffe aussi terriblement : le maréchal a repris son avance ; mais le petit capitaine se défend comme un lion...

Dix-sept ! dix-huit ! dix-neuf !...

A peine a-t-on le temps de marquer les points. Le bruit de la bataille se rapproche. Le maréchal ne joue plus que pour un. Déjà des obus arrivent dans le parc. En voilà un qui éclate au-dessus de la pièce d'eau. Le miroir s'éraille ; un cygne nage, épeuré, dans un tourbillon de plumes sanglantes. C'est le dernier coup...

Maintenant, un grand silence. Rien que la pluie qui tombe sur les charmilles, un roulement confus au bas du coteau, et, par les chemins détrempés, quelque chose comme le piétinement d'un troupeau qui se hâte... L'armée est en pleine déroute. Le maréchal a gagné sa partie.

LA VISION DU JUGE DE COLMAR

AVANT qu'il eût prêté serment à l'empereur Guillaume, il n'y avait pas d'homme plus heureux que le petit juge Dollinger, du tribunal de Colmar, lorsqu'il arrivait à l'audience avec sa toque sur l'oreille, son gros ventre, sa lèvre en fleur et ses trois mentons bien posés sur un ruban de mousseline. — « Ah ! le bon petit somme que je vais faire », avait-il l'air de se dire en s'asseyant, et c'était plaisir de le voir allonger ses jambes grassouillettes, s'enfoncer sur son grand fauteuil, sur ce rond de cuir frais et moelleux auquel il devait d'avoir encore l'humeur égale et le teint clair, après trente ans de magistrature assise.

Infortuné Dollinger !

C'est ce rond de cuir qui l'a perdu. Il se trouvait si bien dessus, sa place était si bien faite sur ce coussinet de moleskine, qu'il a mieux aimé devenir Prussien que de bouger de là. L'empereur Guil-

laume lui a dit : « Restez assis, monsieur Dollinger ! » et Dollinger est resté assis ; et aujourd'hui
le voilà conseiller à la cour de Colmar, rendant
bravement la justice au nom de Sa Majesté ber-
linoise.

Autour de lui, rien n'est changé : c'est toujours
le même tribunal fané et monotone, la même salle
de catéchisme avec ses bancs luisants, ses murs nus,
son bourdonnement d'avocats, le même demi-jour
tombant des hautes fenêtres à rideaux de serge, le
même grand christ poudreux qui penche la tête,
les bras étendus. En passant à la Prusse, la cour de
Colmar n'a pas dérogé : il y a toujours un buste
d'empereur au fond du prétoire... Mais c'est égal !
Dollinger se sent dépaysé. Il a beau se rouler dans
son fauteuil, s'y enfoncer rageusement ; il n'y
trouve plus les bons petits sommes d'autrefois, et
quand par hasard il lui arrive encore de s'endormir
à l'audience, c'est pour faire des rêves épouvanta-
bles...

Dollinger rêve qu'il est sur une haute montagne,
quelque chose comme le Honeck ou le ballon d'Alsace... Qu'est-ce qu'il fait là, tout seul, en robe de
juge, assis sur son grand fauteuil à ces hauteurs
immenses où l'on ne voit plus rien que des arbres
rabougris et des tourbillons de petites mouches ?...

Dollinger ne le sait pas. Il attend, tout frissonnant
de la sueur froide et de l'angoisse du cauchemar.
Un grand soleil rouge se lève de l'autre côté du
Rhin, derrière les sapins de la forêt Noire, et, à
mesure que le soleil monte, en bas, dans les vallées de Thann, de Munster, d'un bout à l'autre
de l'Alsace, c'est un roulement confus, un bruit de
pas, de voitures en marche, et cela grossit, et cela
s'approche, et Dollinger a le cœur serré ! Bientôt,
par la longue route tournante qui grimpe aux
flancs de la montagne, le juge de Colmar voit
venir à lui un cortège lugubre et interminable,
tout le peuple d'Alsace qui s'est donné rendez-
vous à cette passe des Vosges pour émigrer solennellement.

En avant montent de longs chariots attelés de
quatre bœufs, ces longs chariots à claire-voie que
l'on rencontre tout débordants de gerbes au temps
des moissons, et qui maintenant s'en vont chargés
de meubles, de hardes, d'instruments de travail. Ce
sont les grands lits, les hautes armoires, les garni-
tures d'indienne, les huches, les rouets, les petites
chaises des enfants, les fauteuils des ancêtres,
vieilles reliques entassées, tirées de leurs coins,
dispersant au vent de la route la sainte poussière
des foyers. Des maisons entières partent dans ces

chariots. Aussi n'avancent-ils qu'en gémissant, et les bœufs les tirent avec peine, comme si le sol s'attachait aux roues, comme si ces parcelles de terre sèche restées aux herses, aux charrues, aux pioches, aux râteaux, rendant la charge encore plus lourde, faisaient de ce départ un déracinement. Derrière se presse une foule silencieuse, de tout rang, de tout âge, depuis les grands vieux à tricorne qui s'appuient en tremblant sur des bâtons, jusqu'aux petits blondins frisés, vêtus d'une bretelle et d'un pantalon de futaine, depuis l'aïeule paralytique que de fiers garçons portent sur leurs épaules, jusqu'aux enfants de lait que les mères serrent contre leurs poitrines ; tous, les vaillants comme les infirmes, ceux qui seront les soldats de l'année prochaine et ceux qui ont fait la terrible campagne, des cuirassiers amputés qui se traînent sur des béquilles, des artilleurs hâves, exténués, ayant encore dans leurs uniformes en loque la moisissure des casemates de Spandau ; tout cela défile fièrement sur la route, au bord de laquelle le juge de Colmar est assis, et, en passant devant lui, chaque visage se détourne avec une terrible expression de colère et de dégoût...

Oh ! le malheureux Dollinger ! il voudrait se cacher, s'enfuir ; mais impossible. Son fauteuil est

incrusté dans la montagne, son rond de cuir dans
son fauteuil, et lui dans son rond de cuir. Alors
il comprend qu'il est là comme au pilori, et qu'on
a mis le pilori aussi haut pour que sa honte se vît
de plus loin... Et le défilé continue, village par village, ceux de la frontière suisse menant d'immenses
troupeaux, ceux de la Saar poussant leurs durs
outils de fer dans des wagons à minerais. Puis les
villes arrivent, tout le peuple des filatures, les
tanneurs, les tisserands, les ourdisseurs, les bourgeois, les prêtres, les rabbins, les magistrats, des
robes noires, des robes rouges... Voilà le tribunal
de Colmar, son vieux président en tête. Et Dollinger, mourant de honte, essaye de cacher sa
figure, mais ses mains sont paralysées ; de fermer
les yeux, mais ses paupières restent immobiles et
droites. Il faut qu'il voie et qu'on le voie, et qu'il
ne perde pas un des regards de mépris que ses collègues lui jettent en passant...

Ce juge au pilori, c'est quelque chose de terrible !
Mais ce qui est plus terrible encore, c'est qu'il
a tous les siens dans cette foule, et que pas un
n'a l'air de le reconnaître. Sa femme, ses enfants
passent devant lui en baissant la tête. On dirait
qu'ils ont honte, eux aussi ! Jusqu'à son petit
Michel qu'il aime tant, et qui s'en va pour toujours

sans seulement le regarder. Seul, son vieux président s'est arrêté une minute pour lui dire à voix basse :

« Venez avec nous, Dollinger. Ne restez pas là, mon ami... »

Mais Dollinger ne peut pas se lever. Il s'agite, il appelle, et le cortège défile pendant des heures ; et lorsqu'il s'éloigne au jour tombant, toutes ces belles vallées pleines de clochers et d'usines se font silencieuses. L'Alsace entière est partie. Il n'y a plus que le juge de Colmar qui reste là-haut, cloué sur son pilori, assis et inamovible...

... Soudain la scène change. Des ifs, des croix noires, des rangées de tombes, une foule en deuil. C'est le cimetière de Colmar, un jour de grand enterrement. Toutes les cloches de la ville sont en branle. Le conseiller Dollinger vient de mourir. Ce que l'honneur n'avait pas pu faire, la mort s'en est chargée. Elle a dévissé de son rond de cuir le magistrat inamovible, et couché tout de son long l'homme qui s'entêtait à rester assis...

Rêver qu'on est mort et se pleurer soi-même, il n'y a pas de sensation plus horrible. Le cœur navré, Dollinger assiste à ses propres funérailles ; et ce qui le désespère encore plus que sa mort, c'est

que dans cette foule immense qui se presse autour
de lui, il n'a pas un ami, pas un parent. Personne
de Colmar, rien que des Prussiens ! Ce sont des
soldats prussiens qui ont fourni l'escorte, des magistrats prussiens qui mènent le deuil, et les discours
qu'on prononce sur sa tombe sont des discours
prussiens, et la terre qu'on lui jette dessus et
qu'il trouve si froide est de la terre prussienne,
hélas !

Tout à coup la foule s'écarte, respectueuse ; un
magnifique cuirassier blanc s'approche, cachant
sous son manteau quelque chose qui a l'air d'une
grande couronne d'immortelles. Tout autour on
dit :

« Voilà Bismarck... voilà Bismarck... » Et le
juge de Colmar pense avec tristesse :

« C'est beaucoup d'honneur que vous me faites,
monsieur le comte, mais si j'avais là mon petit
Michel... »

Un immense éclat de rire l'empêche d'achever, un rire fou, scandaleux, sauvage, inextin-
guible.

« Qu'est-ce qu'ils ont donc ? » se demande le
juge épouvanté. Il se dresse, il regarde... C'est
son rond, son rond de cuir que M. de Bismarck
vient de déposer religieusement sur sa tombe

avec cette inscription en entourage dans la moleskine :

AU JUGE DOLLINGER

HONNEUR DE LA MAGISTRATURE ASSISE

SOUVENIRS ET REGRETS

D'un bout à l'autre du cimetière tout le monde
rit, tout le monde se tord, et cette grosse gaieté
prussienne résonne jusqu'au fond du caveau, où
le mort pleure de honte, écrasé sous un ridicule
éternel...

L'ENFANT ESPION

IL s'appelait Stenne, le petit Stenne. .
C'était un enfant de Paris, malingre et pâle,
qui pouvait avoir dix ans, peut-être quinze ; avec
ces moucherons-là, on ne sait jamais. Sa mère
était morte ; son père, ancien soldat de marine,
gardait un square dans le quartier du Temple.
Les babies, les bonnes, les vieilles dames à pliants,
les mères pauvres, tout le Paris trotte-menu qui
vient se mettre à l'abri des voitures dans ces par-
terres bordés de trottoirs, connaissaient le père
Stenne et l'adoraient. On savait que, sous cette
rude moustache, effroi des chiens et des traîneurs
de bancs, se cachait un bon sourire attendri,
presque maternel, et que, pour voir ce sourire, on
n'avait qu'à dire au bonhomme :

« Comment va votre petit garçon ?... »

Il l'aimait tant son garçon, le père Stenne ! Il
était si heureux, le soir, après la classe, quand le
petit venait le prendre et qu'ils faisaient tous deux

le tour des allées, s'arrêtant à chaque banc pour saluer les habitués, répondre à leurs bonnes manières.

Avec le siège malheureusement tout changea. Le square du père Stenne fut fermé, on y mit du pétrole, et le pauvre homme, obligé à une surveillance incessante, passait sa vie dans les massifs déserts et bouleversés, seul, sans fumer, n'ayant plus son garçon que le soir, bien tard, à la maison. Aussi il fallait voir sa moustache, quand il parlait des Prussiens... Le petit Stenne, lui, ne se plaignait pas trop de cette nouvelle vie.

Un siège ! C'est si amusant pour les gamins. Plus d'école ! plus de mutuelle ! Des vacances tout le temps et la rue comme un champ de foire...

L'enfant restait dehors jusqu'au soir, à courir. Il accompagnait les bataillons du quartier qui allaient au rempart, choisissant de préférence ceux qui avaient une bonne musique ; et là-dessus petit Stenne était très ferré. Il vous disait fort bien que celle du 96e ne valait pas grand'chose, mais qu'au 55e ils en avaient une excellente. D'autres fois, il regardait les mobiles faire l'exercice ; puis il y avait les queues...

Son panier sous le bras, il se mêlait à ces longues files qui se formaient dans l'ombre des matins

d'hiver sans gaz, à la grille des bouchers, des
boulangers. Là, les pieds dans l'eau, on faisait
des connaissances, on causait politique, et comme
fils de M. Stenne, chacun lui demandait son avis.
Mais le plus amusant de tout, c'était encore les
parties de bouchon, ce fameux jeu de *galoche*
que les mobiles bretons avaient mis à la mode
pendant le siège. Quand le petit Stenne n'était pas
au rempart ni aux boulangeries, vous étiez sûr
de le trouver à la partie de *galoche* de la place du
Château-d'Eau. Lui ne jouait pas, bien entendu ;
il faut trop d'argent. Il se contentait de regarder
les joueurs avec des yeux !

Un surtout, un grand en cotte bleue, qui ne mi-
sait que des pièces de cent sous, excitait son admiration. Quand il courait, celui-là, on entendait les
écus sonner au fond de sa cotte...

Un jour, en ramassant une pièce qui avait roulé
jusque sous les pieds du petit Stenne, le grand lui
dit à voix basse :

« Ça te fait loucher, hein ?... Eh bien, si tu veux,
je te dirai où on en trouve. »

La partie finie, il l'emmena dans un coin de la
place et lui proposa de venir avec lui vendre des
journaux aux Prussiens, on avait 30 francs par
voyage. D'abord Stenne refusa, très indigné ; et

du coup, il resta trois jours sans retourner à la partie. Trois jours terribles. Il ne mangeait plus, il ne dormait plus. La nuit, il voyait des tas de galoches dressées au pied de son lit, et des pièces de cent sous qui filaient à plat, toutes luisantes. La tentation était trop forte. Le quatrième jour, il retourna au Château-d'Eau, revit le grand, se laissa séduire...

Ils partirent par un matin de neige, un sac de toile sur l'épaule, des journaux cachés sous leurs blouses. Quand ils arrivèrent à la porte de Flandres, il faisait à peine jour. Le grand prit Stenne par la main, et, s'approchant du factionnaire — un brave sédentaire qui avait le nez rouge et l'air bon — il lui dit d'une voix de pauvre :

« Laissez-nous passer, mon bon monsieur... Notre mère est malade, papa est mort. Nous allons voir avec mon petit frère à ramasser des pommes de terre dans le champ. »

Il pleurait. Stenne, tout honteux, baissait la tête. Le factionnaire les regarda un moment, jeta un coup d'œil sur la route déserte et blanche.

« Passez vite », leur dit-il en s'écartant ; et les voilà sur le chemin d'Aubervilliers. C'est le grand qui riait !

Confusément, comme dans un rêve, le petit
Stenne voyait des usines transformées en casernes,
des barricades désertes, garnies de chiffons mouillés, de longues cheminées qui trouaient le brouillard et montaient dans le ciel, vides, ébréchées.
De loin en loin, une sentinelle, des officiers encapuchonnés qui regardaient là-bas avec des lorgnettes, et de petites tentes trempées de neige
fondue devant des feux qui mouraient. Le grand
connaissait les chemins, prenait à travers champ
pour éviter les postes. Pourtant ils arrivèrent,
sans pouvoir y échapper, à une grand'garde de
francs-tireurs. Les francs-tireurs étaient là avec
leurs petits cabans, accroupis au fond d'une fosse
pleine d'eau, tout le long du chemin de fer de
Soissons. Cette fois le grand eut beau recom-
mencer son histoire, on ne voulut pas les laisser
passer. Alors, pendant qu'il se lamentait, de la
maison du garde-barrière sortit sur la voie un
vieux sergent, tout blanc, tout ridé, qui ressemblait au père Stenne :

« Allons ! mioches, ne pleurons plus ! dit-il. aux
enfants, on vous y laissera aller, à vos pommes de
terre ; mais, avant, entrez vous chauffer un peu...
Il a l'air gelé ce gamin-là ! »

Hélas ! Ce n'était pas de froid qu'il tremblait le

petit Stenne, c'était de peur, c'était de honte...
Dans le poste, ils trouvèrent quelques soldats
blottis autour d'un feu maigre, un vrai feu de
veuve, à la flamme duquel ils faisaient dégeler
du biscuit au bout de leurs baïonnettes. On se
serra pour faire place aux enfants. On leur
donna la goutte, un peu de café. Pendant qu'ils
buvaient, un officier vint sur la porte, appela
le sergent, lui parla tout bas et s'en alla bien
vite.

« Garçons ! dit le sergent en rentrant radieux...
y aura du tabac cette nuit... On a surpris le mot
des Prussiens... Je crois que cette fois nous allons
le leur reprendre, ce sacré Bourget ! »

Il y eut une explosion de bravos et de rires. On
dansait, on chantait, on astiquait les sabres-
baïonnettes ; et, profitant de ce tumulte, les
enfants disparurent.

Passé la tranchée, il n'y avait plus que la plaine,
et au fond un long mur blanc troué de meurtrières. C'est vers ce mur qu'ils se dirigèrent, s'arrêtant à chaque pas pour faire semblant de ramasser
des pommes de terre.

« Rentrons... N'y allons pas », disait tout le
temps le petit Stenne.

L'autre levait les épaules et avançait toujours.

Soudain ils entendirent le trictrac d'un fusil qu'on armait.

« Couche-toi ! » fit le grand, en se jetant par terre.

Une fois couché, il siffla. Un autre sifflet répondit sur la neige. Ils s'avancèrent en rampant... Devant le mur, au ras du sol, parurent deux moustaches jaunes sous un béret crasseux. Le grand sauta dans la tranchée, à côté du Prussien :

« C'est mon frère », dit-il en montrant son compagnon.

Il était si petit, ce Stenne, qu'en le voyant le Prussien se mit à rire et fut obligé de le prendre dans ses bras pour le hisser jusqu'à la brèche.

De l'autre côté du mur, c'étaient de grands remblais de terre, des arbres couchés, des trous noirs dans la neige, et dans chaque trou le même béret crasseux, les mêmes moustaches jaunes qui riaient en voyant passer les enfants.

Dans un coin, une maison de jardinier casematée de troncs d'arbres. Le bas était plein de soldats qui jouaient aux cartes, faisaient la soupe sur un grand feu clair. Cela sentait bon les choux, le lard ; quelle différence avec le bivouac des francs-tireurs ! En haut, les officiers. On les entendait jouer du piano, déboucher du vin de Champagne.

Quand les Parisiens entrèrent, un hurrah de joie les accueillit. Ils donnèrent leurs journaux ; puis on leur versa à boire et on les fit causer. Tous ces officiers avaient l'air fier et méchant ; mais le grand les amusait avec sa verve faubourienne, son vocabulaire de voyou. Ils riaient, répétaient ses mots après lui, se roulaient avec délice dans cette boue de Paris qu'on leur apportait.

Le petit Stenne aurait bien voulu parler, lui aussi, prouver qu'il n'était pas une bête ; mais quelque chose le gênait. En face de lui se tenait à part un Prussien plus âgé, plus sérieux que les autres, qui lisait, ou plutôt faisait semblant, car ses yeux ne le quittaient pas. Il y avait dans ce regard de la tendresse et des reproches, comme si cet homme avait eu au pays un enfant du même âge que Stenne, et qu'il se fût dit :

« J'aimerais mieux mourir que de voir mon fils faire un métier pareil... »

A partir de ce moment, Stenne sentit comme une main qui se posait sur son cœur et l'empêchait de battre.

Pour échapper à cette angoisse, il se mit à boire. Bientôt tout tourna autour de lui. Il entendait vaguement, au milieu de gros rires, son camarade qui se moquait des gardes nationaux, de leur façon

de faire l'exercice, imitait une prise d'armes au
Marais, une alerte de nuit sur les remparts. Ensuite
le grand baissa la voix, les officiers se rapprochè-
rent et les figures devinrent graves. Le misérable
était en train de les prévenir de l'attaque des
francs-tireurs...

Pour le coup, le petit Stenne se leva furieux,
dégrisé :

« Pas cela, grand... Je ne veux pas. »

Mais l'autre ne fit que rire et continua. Avant
qu'il eût fini, tous les officiers étaient debout. Un
d'eux montra la porte aux enfants :

« F... le camp ! » leur dit-il.

Et ils se mirent à causer entre eux, très vite,
en allemand. Le grand sortit, fier comme un doge,
en faisant sonner son argent. Stenne le suivit, la
tête basse ; et lorsqu'il passa près du Prussien
dont le regard l'avait tant gêné, il entendit une
voix triste qui disait : « *Bas chôli, ça... Bas
chôli.* »

Les larmes lui en vinrent aux yeux.

Une fois dans la plaine, les enfants se mirent à
courir et rentrèrent rapidement. Leur sac était
plein de pommes de terre que leur avaient données
les Prussiens ; avec cela ils passèrent sans encombre
à la tranchée des francs-tireurs. On s'y préparait

pour l'attaque de la nuit. Des troupes arrivaient
silencieuses, se massant derrière les murs. Le
vieux sergent était là, occupé à placer ses hommes,
l'air si heureux. Quand les enfants passèrent, il
les reconnut et leur envoya un bon sourire...

Oh ! que ce sourire fit mal au petit Stenne ! un
moment il eut envie de crier :

« N'allez pas là-bas... nous vous avons trahis. »

Mais l'autre lui avait dit : « Si tu parles, nous
serons fusillés », et la peur le retint...

A la Courneuve, ils entrèrent dans une maison
abandonnée pour partager l'argent. La vérité
m'oblige à dire que le partage fut fait honnêtement,
et que d'entendre sonner ces beaux écus sous sa
blouse, de penser aux parties de *galoche* qu'il avait
là en perspective, le petit Stenne ne trouvait plus
son crime aussi affreux.

Mais, lorsqu'il fut seul, le malheureux enfant !
Lorsque après les portes le grand l'eut quitté, alors
ses poches commencèrent à devenir bien lourdes, et
la main qui lui serrait le cœur le serra plus fort
que jamais. Paris ne lui semblait plus le même.
Les gens qui passaient le regardaient sévèrement,
comme s'ils avaient su d'où il venait. Le mot
espion, il l'entendait dans le bruit des roues, dans
le battement des tambours qui s'exerçaient le long

du canal. Enfin il arriva chez lui, et, tout heureux
de voir que son père n'était pas encore rentré, il
monta vite dans leur chambre cacher sous son
oreiller ces écus qui lui pesaient tant.

Jamais le père Stenne n'avait été si bon, si
joyeux qu'en rentrant ce soir-là. On venait de
recevoir des nouvelles de province : les affaires du
pays allaient mieux. Tout en mangeant, l'ancien
soldat regardait son fusil pendu à la muraille, et
il disait à l'enfant avec son bon rire :

« Hein, garçon, comme tu irais aux Prussiens,
si tu étais grand ! »

Vers huit heures, on entendit le canon.

« C'est Aubervilliers... On se bat au Bourget ».
fit le bonhomme, qui connaissait tous ses forts.
Le petit Stenne devint pâle, et, prétextant une
grande fatigue, il alla se coucher, mais il ne dormit
pas. Le canon tonnait toujours. Il se représentait
les francs-tireurs arrivant de nuit pour surprendre
les Prussiens et tombant eux-mêmes dans une
embuscade. Il se rappelait le sergent qui lui avait
souri, le voyait étendu là-bas dans la neige, et
combien d'autres avec lui !... Le prix de tout ce
sang se cachait là sous son oreiller, et c'était lui, le
fils de M. Stenne, d'un soldat... Les larmes l'étouf-
faient. Dans la pièce à côté, il entendait son père

marcher, ouvrir la fenêtre. En bas, sur la place, le rappel sonnait, un bataillon de mobiles se numérotait pour partir. Décidément, c'était une vraie bataille. Le malheureux ne put retenir un sanglot.

« Qu'as-tu donc ? » dit le père Stenne en entrant.

L'enfant n'y tint plus, sauta de son lit et vint se jeter aux pieds de son père. Au mouvement qu'il fit, les écus roulèrent par terre.

« Qu'est-ce que cela ? Tu as volé ? » dit le vieux en tremblant.

Alors, tout d'une haleine, le petit Stenne raconta qu'il était allé chez les Prussiens et ce qu'il y avait fait. A mesure qu'il parlait, il se sentait le cœur plus libre, cela le soulageait de s'accuser... Le père Stenne écoutait, avec une figure terrible. Quand ce fut fini, il cacha sa tête dans ses mains et pleura.

« Père, père... » voulut dire l'enfant.

Le vieux le repoussa sans répondre, et ramassa l'argent.

« C'est tout ? » demanda-t-il.

Le petit Stenne fit signe que c'était tout. Le vieux décrocha son fusil, sa cartouchière, et mettant l'argent dans sa poche :

« C'est bon, dit-il, je vais le leur rendre. »

Et, sans ajouter un mot, sans seulement retourner la tête, il descendit se mêler aux mobiles qui partaient dans la nuit. On ne l'a jamais revu depuis.

LES MÈRES

SOUVENIR DU SIÈGE

CE matin-là, j'étais allé au mont Valérien voir notre ami le peintre B..., lieutenant aux mobiles de la Seine. Justement le brave garçon se trouvait de garde. Pas moyen de bouger. Il fallut rester à se promener de long en large, comme des matelots de quart, devant la poterne du fort, en causant de Paris, de la guerre et de nos chers absents... Tout à coup mon lieutenant qui, sous sa tunique de mobile, est toujours resté le féroce rapin d'autrefois, s'interrompt, tombe en arrêt, et me prenant le bras :

« Oh ! le beau Daumier », me dit-il tout bas, et du coin de son petit œil gris allumé subitement comme l'œil d'un chien de chasse, il me montrait les deux vénérables silhouettes qui venaient de faire leur apparition sur le plateau du mont Valérien.

Un beau Daumier en effet. L'homme en longue

redingote marron, avec un collet de velours
verdâtre qui semblait fait de vieille mousse des
bois, maigre, petit, rougeaud, le front déprimé, les
yeux ronds, le nez en bec de chouette. Une tête
d'oiseau ridé, solennelle et bête. Pour l'achever,
un cabas en tapisserie à fleurs, d'où sortait le gou-
lot d'une bouteille, et sous l'autre bras une boîte
de conserves, l'éternelle boîte en fer-blanc que les
Parisiens ne pourront plus voir sans penser à leurs
cinq mois de blocus... De la femme, on n'apercevait d'abord qu'un chapeau-cabriolet gigantesque et un vieux châle qui la serrait étroitement du
haut en bas comme pour bien dessiner sa misère ;
puis, de temps en temps, entre les ruches fanées
de la capote, un bout de nez pointu qui passait, et
quelques cheveux grisonnants et pauvres.

En arrivant sur le plateau, l'homme s'arrêta
pour prendre haleine et s'essuyer le front. Il ne
fait pourtant pas chaud là-haut, dans les brumes
de fin novembre ; mais ils étaient venus si vite...

La femme ne s'arrêta pas, elle. Marchant droit
à la poterne, elle nous regarda une minute en hési-
tant, comme si elle voulait nous parler ; mais,
intimidée sans doute par les galons de l'officier,
elle aima mieux s'adresser à la sentinelle, et je
l'entendis qui demandait timidement à voir son

fils, un mobile de Paris de la sixième du troisième.

« Restez là, dit l'homme de garde, je vais le faire appeler. »

Toute joyeuse, avec un soupir de soulagement, elle retourna vers son mari ; et tous deux allèrent s'asseoir à l'écart sur le bord d'un talus.

Ils attendirent là bien longtemps. Ce mont Valérien est si grand, si compliqué de cours, de glacis, de bastions, de casernes, de casemates ! Allez donc chercher un mobile de la sixième dans cette ville inextricable, suspendue entre terre et ciel, et flottant en spirale au milieu des nuages comme l'île de Laputa. Sans compter qu'à cette heure-là le fort est plein de tambours, de trompettes, de soldats qui courent, de bidons qui sonnent. C'est la garde qu'on relève, les corvées, la distribution, un espion tout sanglant que des francs-tireurs ramènent à coups de crosse, des paysans de Nanterre qui viennent se plaindre au général, une estafette arrivant au galop, l'homme transi, la bête ruisselante, des cacolets revenant des avant-postes avec les blessés qui se balancent aux flancs des mules et geignent doucement comme des agneaux malades, des matelots hâlant une pièce neuve au son du fifre et des « hissa ! ho ! »,

le troupeau du fort qu'un berger en pantalon rouge
pousse devant lui, la gaule à la main, le chassepot
en bandoulière ; tout cela va, vient, s'entre-croise
dans les cours, s'engouffre sous la poterne comme
sous la porte basse d'un caravansérail d'Orient.

« Pourvu qu'ils n'oublient pas mon garçon ! »
disaient pendant ce temps les yeux de la pauvre
mère ; et toutes les cinq minutes elle se levait,
s'approchait de l'entrée discrètement, jetait un
regard furtif dans l'avant-cour en se garant contre
la muraille ; mais elle n'osait plus rien demander
de peur de rendre son enfant ridicule. L'homme,
encore plus timide qu'elle, ne bougeait pas de
son coin ; et chaque fois qu'elle revenait s'asseoir
le cœur gros, l'air découragé, on voyait qu'il la
grondait de son impatience et qu'il lui donnait
force explications sur les nécessités du service avec
des gestes d'imbécile qui veut faire l'entendu.

J'ai toujours été très curieux de ces petites
scènes silencieuses et intimes qu'on devine encore
plus qu'on ne les voit, de ces pantomimes de la
rue qui vous coudoient quand vous marchez et
d'un geste vous révèlent toute une existence ; mais
ici ce qui me captivait surtout, c'était la gaucherie,
la naïveté de mes personnages, et j'éprouvais une
véritable émotion à suivre à travers leur mimi-

que, expressive et limpide comme l'âme de deux
acteurs de Séraphin, toutes les péripéties d'un
adorable drame familial...

Je voyais la mère se disant un beau matin :

« Il m'ennuie, ce M. Trochu, avec ses consignes...
Il y a trois mois que je n'ai pas vu mon enfant...
Je veux aller l'embrasser. »

Le père, timide, emprunté dans la vie, effaré à
l'idée des démarches à faire pour se procurer un
permis, a d'abord essayé de la raisonner :

« Mais tu n'y penses pas, chérie. Ce mont Valérien est au diable... Comment feras-tu pour y
aller, sans voiture ? D'ailleurs c'est une citadelle !
les femmes ne peuvent pas entrer. »

— « Moi, j'entrerai », dit la mère, et comme il
fait tout ce qu'elle veut, l'homme s'est mis en
route, il est allé au secteur, à la mairie, à l'état-
major, chez le commissaire, suant de peur, gelant
de froid, se cognant partout, se trompant de
porte, faisant deux heures de queue à un bureau,
et puis ce n'était pas celui-là. Enfin, le soir, il est
revenu avec un permis du gouverneur dans sa
poche... Le lendemain on s'est levé de bonne heure,
au froid, à la lampe. Le père casse une croûte pour
se réchauffer, mais la mère n'a pas faim. Elle
aime mieux déjeuner là-bas avec son fils. Et pour

régaler un peu le pauvre mobile, vite, vite on empile dans le cabas le ban et l'arrière-ban des provisions de siège, chocolat, confitures, vin cacheté, tout jusqu'à la boîte, une boîte de huit francs qu'on gardait précieusement pour les jours de grande disette. Là-dessus les voilà partis. Comme ils arrivaient aux remparts, on venait d'ouvrir les portes. Il a fallu montrer le permis. C'est la mère qui avait peur... Mais non ! Il paraît qu'on était en règle.

« Laissez passer ! » dit l'adjudant de service.

Alors seulement elle respire :

« Il a été bien poli, cet officier. »

Et leste comme un perdreau, elle trotte, elle se dépêche. L'homme a peine à lui tenir pied :

« Comme tu vas vite, chérie ! »

Mais elle ne l'écoute pas. Là-haut, dans les vapeurs de l'horizon, le mont Valérien lui fait signe :

« Arrivez vite... il est ici. »

Et maintenant qu'ils sont arrivés, c'est une nouvelle angoisse.

Si on ne le trouvait pas ! S'il allait ne pas venir !...

Soudain, je la vis tressaillir, frapper sur le bras du vieux et se redresser d'un bond... De loin, sous la voûte de la poterne, elle avait reconnu son pas.

C'était lui !

Quand il parut, la façade du fort en fut toute illuminée.

Un grand beau garçon, ma foi ! bien planté, sac au dos, fusil au poing... Il les aborda, le visage ouvert, d'une voix mâle et joyeuse :

« Bonjour, maman. »

Et tout de suite sac, couverture, chassepot, tout disparut dans le grand chapeau-cabriolet. Ensuite le père eut son tour, mais ce ne fut pas long. Le cabriolet voulait tout pour lui. Il était insatiable...

« Comment vas-tu ?... Es-tu bien couvert ?... Où en es-tu de ton linge ? »

Et, sous les ruches de la capote, je sentais le long regard d'amour dont elle l'enveloppait des pieds à la tête, dans une pluie de baisers, de larmes, de petits rires ; un arriéré de trois mois de tendresse maternelle qu'elle lui payait tout en une fois. Le père était très ému, lui aussi, mais il ne voulait pas en avoir l'air. Il comprenait que nous le regardions et clignait de l'œil de notre côté comme pour nous dire :

« Excusez-la... c'est une femme. »

Si je l'excusais !

Une sonnerie de clairon vint souffler subitement sur cette belle joie.

« On rappelle... dit l'enfant. Il faut que je m'en aille.

— Comment ! tu ne déjeunes pas avec nous ?

— Mais non ! je ne peux pas... Je suis de garde pour vingt-quatre heures, tout en haut du fort.

— Oh ! » fit la pauvre femme ; et elle ne put pas en dire davantage.

Ils restèrent un moment à se regarder tous les trois d'un air consterné. Puis le père, prenant la parole :

« Au moins emporte la boîte », dit-il d'une voix déchirante, avec une expression à la fois touchante et comique de gourmandise sacrifiée. Mais voilà que, dans le trouble et l'émotion des adieux, on ne la trouvait plus cette maudite boîte ; et c'était pitié de voir ces mains fébriles et tremblantes qui cherchaient, qui s'agitaient ; d'entendre ces voix entre-coupées de larmes qui demandaient : « la boîte ! où est la boîte ! » sans honte de mêler ce petit détail de ménage à cette grande douleur... La boîte retrouvée, il y eut une dernière et longue étreinte, et l'enfant rentra dans le fort en courant.

Songez qu'ils étaient venus de bien loin pour ce déjeuner, qu'ils s'en faisaient une grande fête, que la mère n'en avait pas dormi de la nuit ; et dites-moi si vous savez rien de plus navrant que cette partie manquée, ce coin de paradis entrevu et refermé tout de suite si brutalement.

Ils attendirent encore quelque temps, immobiles à la même place, les yeux toujours cloués sur cette poterne où leur enfant venait de disparaître. Enfin l'homme se secoua, fit un demi-tour, toussa deux ou trois coups d'un air très brave, et sa voix une fois bien assurée :

« Allons ! la mère, en route ! » dit-il tout haut et fort gaillardement. Là-dessus il nous fit un grand salut et prit le bras de sa femme... Je les suivis de l'œil jusqu'au tournant de la route. Le père avait l'air furieux. Il brandissait le cabas avec des gestes désespérés... La mère, elle, paraissait plus calme. Elle marchait à ses côtés la tête basse, les bras au corps. Mais par moments, sur ses épaules étroites, je croyais voir son châle frissonner convulsivement.

LE SIÈGE DE BERLIN

NOUS remontions l'avenue des Champs-Élysées avec le docteur V..., demandant aux murs troués d'obus, aux trottoirs défoncés par la mitraille, l'histoire de Paris assiégé, lorsqu'un peu avant d'arriver au rond-point de l'Étoile, le docteur s'arrêta, et me montrant une de ces grandes maisons de coin si pompeusement groupées autour de l'Arc de Triomphe :

« Voyez-vous, me dit-il, ces quatre fenêtres fermées là-haut sur ce balcon ? Dans les premiers jours du mois d'août, ce terrible mois d'août de l'an dernier, si lourd d'orages et de désastres, je fus appelé là pour un cas d'apoplexie foudroyante. C'était chez le colonel Jouve, un cuirassier du premier Empire, vieil entêté de gloire et de patriotisme, qui dès le début de la guerre était venu se loger aux Champs-Élysées, dans un appartement à balcon... Devinez pourquoi ? Pour assister à la rentrée triomphale de nos troupes... Pauvre vieux !

La nouvelle de Wissembourg lui arriva comme il sortait de table. En lisant le nom de Napoléon au bas de ce bulletin de défaite, il était tombé foudroyé.

« Je trouvai l'ancien cuirassier étendu de tout son long sur le tapis de la chambre, la face sanglante et inerte comme s'il avait reçu un coup de massue sur la tête. Debout, il devait être très grand ; couché, il avait l'air immense. De beaux traits, des dents superbes, une toison de cheveux blancs tout frisés, quatre-vingts ans qui en paraissaient soixante... Près de lui sa petite-fille à genoux et tout en larmes. Elle lui ressemblait. A les voir l'un à côté de l'autre, on eût dit deux belles médailles grecques frappées à la même empreinte, seulement l'une antique, terreuse, un peu effacée sur les contours, l'autre resplendissante et nette, dans tout l'éclat et le velouté de l'empreinte nouvelle.

« La douleur de cette enfant me toucha. Fille et petite-fille de soldat, elle avait son père à l'état-major de Mac-Mahon, et l'image de ce grand vieillard étendu devant elle évoquait dans son esprit une autre image non moins terrible. Je la rassurai de mon mieux ; mais, au fond, je gardais peu d'espoir. Nous avions affaire à une belle et bonne hémi-

plégie, et, à quatre-vingts ans, on n'en revient
guère. Pendant trois jours, en effet, le malade
resta dans le même état d'immobilité et de stupeur... Sur ces entrefaites, la nouvelle de Reichs-
hoffen arriva à Paris. Vous vous rappelez de
quelle étrange façon. Jusqu'au soir, nous crûmes
tous à une grande victoire, vingt mille Prussiens
tués, le prince royal prisonnier... Je ne sais par
quel miracle, quel courant magnétique, un écho
de cette joie nationale alla chercher notre pauvre
sourd-muet jusque dans les limbes de sa pa-
ralysie ; toujours est-il que ce soir-là, en m'approchant de son lit, je ne trouvai plus le même
homme. L'œil était presque clair, la langue moins
lourde. Il eut la force de me sourire et bégaya deux
fois :

« Vic...toi...re !

« — Oui, colonel, grande victoire !... »

« Et à mesure que je lui donnais des détails sur
le beau succès de Mac-Mahon, je voyais ses traits
se détendre, sa figure s'éclairer...

« Quand je sortis, la jeune fille m'attendait,
pâle et debout devant la porte. Elle sanglotait.

« Mais il est sauvé ! » lui dis-je en lui prenant les
mains.

« La malheureuse enfant eut à peine le courage

de me répondre. On venait d'afficher le vrai Reichs-
hoffen, Mac-Mahon en fuite, toute l'armée écrasée...
Nous nous regardâmes consternés. Elle se désolait
en pensant à son père. Moi, je tremblais en pensant au vieux. Bien sûr, il ne résisterait pas à cette
nouvelle secousse... Et cependant comment faire ?...
Lui laisser sa joie, les illusions qui l'avaient fait
revivre !... Mais alors il fallait mentir...

« Eh bien, je mentirai ! » me dit l'héroïque fille
en essuyant vite ses larmes, et, toute rayonnante,
elle rentra dans la chambre de son grand-père.

« C'était une rude tâche qu'elle avait prise là.
Les premiers jours on s'en tira encore. Le bonhomme avait la tête faible et se laissait tromper
comme un enfant. Mais avec la santé ses idées se
firent plus nettes. Il fallut le tenir au courant du
mouvement des armées, lui rédiger des bulletins
militaires. Il y avait pitié vraiment à voir cette
belle enfant penchée nuit et jour sur sa carte d'Allemagne, piquant de petits drapeaux, s'efforçant
de combiner toute une campagne glorieuse :
Bazaine sur Berlin, Froissart en Bavière, Mac-
Mahon sur la Baltique. Pour tout cela elle me
demandait conseil, et je l'aidais autant que je
pouvais ; mais c'est le grand-père surtout qui nous
servait dans cette invasion imaginaire. Il avait

conquis l'Allemagne tant de fois sous le premier
Empire ! Il savait tous les coups d'avance : « Main-
« tenant voilà où ils vont aller... Voilà ce qu'on va
« faire... » et ses prévisions se réalisaient toujours,
ce qui ne manquait pas de le rendre très fier.

« Malheureusement nous avions beau prendre des
villes, gagner des batailles, nous n'allions jamais
assez vite pour lui. Il était insatiable, ce vieux !...
Chaque jour, en arrivant, j'apprenais un nouveau
fait d'armes :

« Docteur, nous avons pris Mayence », me disait
la jeune fille en venant au-devant de moi avec un
sourire navré, et j'entendais à travers la porte une
voix joyeuse qui me criait :

« Ça marche ! ça marche !... Dans huit jours
« nous entrerons à Berlin. »

« A ce moment-là, les Prussiens n'étaient plus
qu'à huit jours de Paris... Nous nous demandâmes
d'abord s'il ne valait pas mieux le transporter en
province ; mais, sitôt dehors, l'état de la France
lui aurait tout appris, et je le trouvais encore trop
faible, trop engourdi de sa grande secousse pour
lui laisser connaître la vérité. On se décida donc
à rester.

« Le premier jour de l'investissement, je montai
chez eux — je me souviens — très ému, avec

cette angoisse au cœur que nous donnaient à tous
les portes de Paris fermées, la bataille sous les
murs, nos banlieues devenues frontières. Je trouvai le bonhomme assis sur son lit, jubilant et fier :

« Eh bien, me dit-il, le voilà donc commencé ce
« siège ! »

« Je le regardai stupéfait :

« Comment, colonel, vous savez ?... »

« Sa petite-fille se tourna vers moi :

« Eh ! oui, docteur... C'est la grande nouvelle...
« Le siège de Berlin est commencé. »

« Elle disait cela en tirant son aiguille, d'un petit
air si posé, si tranquille... Comment se serait-il
douté de quelque chose ? Le canon des forts, il
ne pouvait pas l'entendre. Ce malheureux Paris,
sinistre et bouleversé, il ne pouvait pas le voir.
Ce qu'il apercevait de son lit, c'était un pan de
l'Arc de Triomphe, et, dans sa chambre, autour de
lui, tout un bric-à-brac du premier Empire bien
fait pour entretenir ses illusions. Des portraits de
maréchaux, des gravures de batailles, le roi de
Rome en robe de baby ; puis de grandes consoles
toutes raides, ornées de cuivres à trophées, chargées
de reliques impériales, des médailles, des bronzes,
un rocher de Sainte-Hélène sous globe, des minia-
tures représentant la même dame frisottée, en

tenue de bal, en robe jaune, des manches à gigots
et des yeux clairs, — et tout cela, les consoles, le
roi de Rome, les maréchaux, les dames jaunes, avec
la taille montante, la ceinture haute, cette raideur
engoncée qui était la grâce de 1806... Brave colonel !
c'est cette atmosphère de victoires et conquêtes,
encore plus que tout ce que nous pouvions lui dire,
qui le faisait croire si naïvement au siège de Berlin.

« A partir de ce jour, nos opérations militaires
se trouvèrent bien simplifiées. Prendre Berlin, ce
n'était plus qu'une affaire de patience. De temps
en temps, quand le vieux s'ennuyait trop, on lui
lisait une lettre de son fils, lettre imaginaire bien
entendu, puisque rien n'entrait plus dans Paris,
et que, depuis Sedan, l'aide de camp de Mac-Mahon
avait été dirigé sur une forteresse d'Allemagne.
Vous figurez-vous le désespoir de cette pauvre
enfant sans nouvelle de son père, le sachant
prisonnier, privé de tout, malade peut-être, et
obligée de le faire parler dans des lettres joyeuses,
un peu courtes, comme pouvait en écrire un soldat
en campagne, allant toujours en avant dans le
pays conquis. Quelquefois la force lui manquait ;
on restait des semaines sans nouvelles. Mais le
vieux s'inquiétait, ne dormait plus. Alors vite
arrivait une lettre d'Allemagne qu'elle venait lui

lire gaiement près de son lit, en retenant ses larmes. Le colonel écoutait religieusement, souriait d'un air entendu, approuvait, critiquait, nous expliquait les passages un peu troubles. Mais où il était beau surtout, c'est dans les réponses qu'il envoyait à son fils : « N'oublie jamais que tu es « Français, lui disait-il... Sois généreux pour ces « pauvres gens. Ne leur fais pas l'invasion trop « lourde... » Et c'étaient des recommandations à n'en plus finir, d'adorables prêchi-prêcha sur le respect des propriétés, la politesse qu'on doit aux dames, un vrai code d'honneur militaire à l'usage des conquérants. Il y mêlait aussi quelques considérations générales sur la politique, les conditions de la paix à imposer aux vaincus. Là-dessus, je dois le dire, il n'était pas exigeant :

— « L'indemnité de guerre, et rien de plus... A « quoi bon leur prendre des provinces ?... Est-ce « qu'on peut faire de la France avec de l'Alle- « magne ?... »

« Il dictait cela d'une voix ferme, et l'on sentait tant de candeur dans ses paroles, une si belle foi patriotique, qu'il était impossible de ne pas être ému en l'écoutant.

« Pendant ce temps-là, le siège avançait toujours, pas celui de Berlin, hélas !... C'était le moment du

3

grand froid, du bombardement, des épidémies,
de la famine. Mais, grâce à nos soins, à nos efforts,
à l'infatigable tendresse qui se multipliait autour
de lui, la sérénité du vieillard ne fut pas un instant
troublée. Jusqu'au bout je pus lui avoir du pain
blanc, de la viande fraîche. Il n'y en avait que pour
lui, par exemple ; et vous ne pouvez rien imaginer
de plus touchant que ces déjeuners de grand-père,
si innocemment égoïstes, — le vieux sur son lit,
frais et riant, la serviette au menton, près de lui
sa petite-fille, un peu pâlie par les privations, gui-
dant ses mains, le faisant boire, l'aidant à manger
toutes ces bonnes choses défendues. Alors animé par
le repas, dans le bien-être de sa chambre chaude, la
bise d'hiver au dehors, cette neige qui tourbillon-
nait à ses fenêtres, l'ancien cuirassier se rappelait
ses campagnes dans le Nord, et nous racontait
pour la centième fois cette sinistre retraite de
Russie où l'on n'avait à manger que du biscuit
gelé et de la viande de cheval.

— « Comprends-tu cela, petite ? nous mangions
« du cheval ! »

« Je crois bien qu'elle le comprenait. Depuis deux
mois, elle ne mangeait pas autre chose... De jour
en jour cependant, à mesure que la convalescence
approchait, notre tâche autour du malade devenait

plus difficile. Cet engourdissement de tous ses sens,
de tous ses membres, qui nous avait si bien servis
jusqu'alors, commençait à se dissiper. Deux ou
trois fois déjà, les terribles bordées de la porte
Maillot l'avaient fait bondir, l'oreille dressée
comme un chien de chasse ; on fut obligé d'inventer une dernière victoire de Bazaine sous Berlin,
et des salves tirées en cet honneur aux Invalides.
Un autre jour qu'on avait poussé son lit près de
la fenêtre — c'était, je crois, le jeudi de Buzenval — il vit très bien des gardes nationaux qui
se massaient sur l'avenue de la Grande-Armée.

« Qu'est-ce que c'est donc que ces troupes-là ? »
demanda le bonhomme, et nous l'entendions grom-
meler entre ses dents :

« Mauvaise tenue ! mauvaise tenue ! »

« Il n'en fut pas autre chose ; mais nous comprîmes
que dorénavant il fallait prendre de grandes pré-
cautions. Malheureusement on n'en prit pas assez.

« Un soir, comme j'arrivais, l'enfant vint à moi
toute troublée :

— « C'est demain qu'ils entrent », me dit-elle.

« La chambre du grand-père était-elle ouverte ?
Le fait est que depuis, en y songeant, je me suis
rappelé qu'il avait, ce soir-là, une physionomie
extraordinaire. Il est probable qu'il nous avait en-

tendus. Seulement, nous parlions des Prussiens, nous ; et le bonhomme pensait aux Français, à cette entrée triomphale qu'il attendait depuis si longtemps, — Mac-Mahon descendant l'avenue dans les fleurs, dans les fanfares, son fils à côté du maréchal, et lui, le vieux, sur son balcon, en grande tenue comme à Lutzen, saluant les drapeaux troués et les aigles noires de poudre...

« Pauvre père Jouve ! Il s'était sans doute imaginé qu'on voulait l'empêcher d'assister à ce défilé de nos troupes, pour lui éviter une trop grande émotion. Aussi se garda-t-il bien de parler à personne ; mais le lendemain, à l'heure même où les bataillons prussiens s'engageaient timidement sur la longue voie qui mène de la porte Maillot aux Tuileries, la fenêtre de là-haut s'ouvrit doucement, et le colonel parut sur le balcon avec son casque, sa grande latte, toute sa vieille défroque glorieuse d'ancien cuirassier de Milhaud. Je me demande encore quel effort de volonté, quel sursaut de vie l'avait ainsi mis sur pied et harnaché. Ce qu'il y a de sûr, c'est qu'il était là, debout derrière la rampe, s'étonnant de trouver les avenues si larges, si muettes, les persiennes des maisons fermées, Paris sinistre comme un grand Lazaret, partout des drapeaux, mais si singuliers, tout blancs avec

des croix rouges, et personne pour aller au-devant
de nos soldats.

« Un moment il put croire qu'il s'était trompé...

« Mais non ! là-bas, derrière l'Arc de Triomphe,
c'était un bruissement confus, une ligne noire qui
s'avançait dans le jour levant... Puis, peu à peu,
les aiguilles des casques brillèrent, les petits tambours d'Iéna se mirent à battre, et sous l'arc de
l'Étoile, rhythmée par le pas lourd des sections,
par le heurt des sabres, éclata la marche triomphale de Schubert !...

« Alors, dans le silence morne de la place, on
entendit un cri, un cri terrible : « Aux armes !...
« aux armes !... les Prussiens. » Et les quatre
uhlans de l'avant-garde purent voir là-haut, sur
le balcon, un grand vieillard chanceler en remuant
les bras, et tomber raide. Cette fois, le colonel
Jouve était bien mort. »

LE MAUVAIS ZOUAVE

LE grand forgeron Lory de Sainte-Marie-aux-Mines n'était pas content ce soir-là.

D'habitude, sitôt la forge éteinte, le soleil couché, il s'asseyait sur un banc devant sa porte pour savourer cette bonne lassitude que donne le poids du travail et de la chaude journée, et avant de renvoyer les apprentis il buvait avec eux quelques longs coups de bière fraîche en regardant la sortie des fabriques. Mais, ce soir-là, le bonhomme resta dans sa forge jusqu'au moment de se mettre à table ; et encore y vint-il comme à regret. La vieille Lory pensait en regardant son homme :

« Qu'est-ce qu'il lui arrive ?... Il a peut-être reçu du régiment quelque mauvaise nouvelle qu'il ne veut pas me dire ?... L'aîné est peut-être malade... »

Mais elle n'osait rien demander et s'occupait seulement à faire taire trois petits blondins couleur d'épis brûlés, qui riaient autour de la nappe en croquant une bonne salade de radis noirs à la crème.

A la fin, le forgeron repoussa son assiette en colère :

« Ah ! les gueux ! ah ! les canailles !...

— « A qui en as-tu, voyons, Lory ? »

Il éclata :

« J'en ai, dit-il, à cinq ou six drôles qu'on voit rouler depuis ce matin dans la ville en costume de soldats français, bras dessus bras dessous avec les Bavarois... C'est encore de ceux-là qui ont... comment disent-ils ça ?... opté pour la nationalité de Prusse... Et dire que tous les jours nous en voyons revenir de ces faux Alsaciens !... Qu'est-ce qu'on leur a donc fait boire ? »

La mère essaya de les défendre :

« Que veux-tu, mon pauvre homme, ce n'est pas tout à fait leur faute à ces enfants... C'est si loin cette Algérie d'Afrique où on les envoie !... Ils ont le mal du pays là-bas ; et la tentation est bien forte pour eux de revenir, de n'être plus soldats. »

Lory donna un grand coup de poing sur la table :

« Tais-toi, la mère !... vous autres, femmes, vous n'y entendez rien. A force de vivre toujours avec les enfants et rien que pour eux, vous rapetissez tout à la taille de vos marmots... Eh bien, moi, je te dis que ces hommes-là sont des gueux, des renégats, les derniers des lâches, et que si par malheur notre Christian était capable d'une infamie pareille, aussi vrai que je m'appelle Georges Lory et que j'ai servi sept ans aux chasseurs de France, je lui passerais mon sabre à travers le corps. »

Et terrible, à demi levé, le forgeron montrait sa longue latte de chasseur pendue à la muraille au-dessous du portrait de son fils, un portrait de zouave fait là-bas en Afrique ; mais de voir cette honnête figure d'Alsacien, toute noire et hâlée de soleil, dans ces blancheurs, ces effacements que font les couleurs vives à la grande lumière, cela le calma subitement, et il se mit à rire :

« Je suis bien bon de me monter la tête... Comme si notre Christian pouvait songer à devenir Prussien, lui qui en a tant descendu pendant la guerre !... »

Remis en belle humeur par cette idée, le bonhomme acheva de dîner gaiement et s'en alla sitôt après vider une couple de chopes à la *Ville de Strasbourg*.

Maintenant la vieille Lory est seule. Après avoir couché ses trois petits blondins qu'on entend gazouiller dans la chambre à côté, comme un nid qui s'endort, elle prend son ouvrage et se met à repriser devant la porte, du côté des jardins. De temps en temps elle soupire et pense en elle-même :

« Oui, je veux bien. Ce sont des lâches, des renégats... mais c'est égal ! Leurs mères sont bien heureuses de les ravoir. »

Elle se rappelle le temps où le sien, avant de partir pour l'armée, était là à cette même heure du jour, en train de soigner le petit jardin. Elle regarde le puits où il venait remplir ses arrosoirs, en blouse, les cheveux longs, ses beaux cheveux qu'on lui a coupés en entrant aux zouaves...

Soudain elle tressaille. La petite porte du fond, celle qui donne sur les champs, s'est ouverte. Les chiens n'ont pas aboyé ; pourtant celui qui vient d'entrer longe les murs comme un voleur, se glisse entre les ruches...

— « Bonjour, maman ! »

Son Christian est debout devant elle, tout débraillé dans son uniforme, honteux, troublé, la langue épaisse. Le misérable est revenu au pays avec les autres, et, depuis une heure, il rôde autour de la maison, attendant le départ du père pour entrer. Elle voudrait le gronder, mais elle n'en a pas le courage. Il y a si longtemps qu'elle ne l'a vu, embrassé ! Puis il lui donne de si bonnes raisons, qu'il s'ennuyait du pays, de la forge, de vivre toujours loin d'eux, avec ça la discipline devenue plus dure, et les camarades qui l'appelaient « Prussien » à cause de son accent d'Alsace. Tout ce qu'il dit, elle le croit. Elle n'a qu'à le regarder pour le croire. Toujours causant, ils sont entrés dans la salle basse. Les petits réveillés accourent pieds nus, en chemise, pour embrasser le grand frère. On veut le faire manger, mais il n'a pas faim. Seulement il a soif, toujours soif, et il boit de grands coups d'eau par-dessus toutes les tournées de bière et de vin blanc qu'il s'est payées depuis le matin au cabaret.

Mais quelqu'un marche dans la cour. C'est le forgeron qui rentre.

— « Christian, voilà ton père. Vite, cache-toi que j'aie le temps de lui parler, de lui expliquer... » et elle le pousse derrière le grand poêle en faïence, puis se remet à coudre, les mains tremblantes. Par malheur, la chéchia du zouave est restée sur la table, et c'est la première chose que Lory voit en entrant. La pâleur de la mère, son embarras... Il comprend tout.

— « Christian est ici !... » dit-il d'une voix terrible, et, décrochant son sabre avec un geste fou, il se précipite vers le poêle où le zouave est blotti, blême, dégrisé, s'appuyant au mur, de peur de tomber.

La mère se jette entre eux :

« Lory, Lory, ne le tue pas... C'est moi qui lui ai écrit de revenir, que tu avais besoin de lui à la forge... »

Elle se cramponne à son bras, se traîne, sanglote. Dans la nuit de leur chambre, les enfants crient d'entendre ces voix pleines de colère et de larmes, si changées qu'ils ne les reconnaissent plus... Le forgeron s'arrête, et regardant sa femme :

« Ah ! c'est toi qui l'as fait revenir... Alors, c'est bon, qu'il aille se coucher. Je verrai demain ce que j'ai à faire. »

Le lendemain Christian, en s'éveillant d'un lourd sommeil plein de cauchemars et de terreurs sans cause, s'est retrouvé dans sa chambre d'enfant. A travers les petites vitres encadrées de plomb, traversées de houblon fleuri, le soleil est déjà chaud et haut. En bas, les marteaux sonnent sur l'enclume... La mère est à son chevet ; elle ne l'a pas quitté de la nuit, tant la colère de son homme lui faisait peur. Le vieux non plus ne s'est pas couché. Jusqu'au matin il a marché dans la maison, pleurant, soupirant, ouvrant et fermant des armoires, et à présent voilà qu'il entre dans la chambre de son fils, gravement, habillé comme pour un voyage, avec de hautes guêtres, le large chapeau et le bâton de montagne solide et ferré au bout. Il s'avance droit au lit : « Allons, haut !... lève-toi. »

Le garçon un peu confus veut prendre ses effets de zouave.

— « Non, pas ça... » dit le père sévèrement.

Et la mère toute craintive : « Mais, mon ami, il n'en a pas d'autres.

— Donne-lui les miens... Moi je n'en ai plus besoin. »

Pendant que l'enfant s'habille, Lory plie soigneusement l'uniforme, la petite veste, les grandes braies rouges, et, le paquet fait, il se passe autour du cou l'étui de fer-blanc où tient la feuille de route...

« Maintenant descendons », dit-il ensuite, et tous trois descendent à la forge sans se parler... Le soufflet ronfle ; tout le monde est au travail. En revoyant ce hangar grand ouvert, auquel il pensait tant là-bas, le zouave se rappelle son enfance et comme il a joué là longtemps entre la chaleur de la route et les étincelles de la forge toutes brillantes dans le poussier noir. Il lui prend un accès de tendresse, un grand désir d'avoir le pardon de son père ; mais en levant les yeux il rencontre toujours un regard inexorable.

Enfin le forgeron se décide à parler :

« Garçon, dit-il, voilà l'enclume, les outils... tout cela est à toi... Et tout cela aussi ! » ajoute-t-il en lui montrant le petit jardin qui s'ouvre là-bas au fond plein de soleil et d'abeilles, dans le cadre enfumé de la porte... « Les ruches, la vigne, la maison, tout t'appartient... Puisque tu as sacrifié ton honneur à ces choses, c'est bien le moins que tu les gardes.. Te voilà maître ici... Moi, je pars... Tu dois cinq ans à la France, je vais les payer pour toi.

— Lory, Lory, où vas-tu ? crie la pauvre vieille.

— Père !... » supplie l'enfant... Mais le forgeron est déjà parti, marchant à grands pas, sans se retourner...

A Sidi-bel-Abbès, au dépôt du 3e zouaves, il y a depuis quelques jours un engagé volontaire de cinquante-cinq ans.

LA PENDULE DE BOUGIVAL

DE BOUGIVAL A MUNICH

C'ÉTAIT une pendule du second Empire, une de ces pendules en onyx algérien, ornées de dessins Campana, qu'on achète boulevard des Italiens avec leur clef dorée pendue en sautoir au bout d'un ruban rose. Tout ce qu'il y a de plus mignon, de plus moderne, de plus article de Paris. Une vraie pendule des Bouffes, sonnant d'un joli timbre clair, mais sans un grain de bon sens, pleine de lubies, de caprices, marquant les heures à la diable, passant les demies, n'ayant jamais su bien dire que l'heure de la Bourse à Monsieur et l'heure du berger à Madame. Quand la guerre éclata, elle était en villégiature à Bougival, faite exprès pour ces palais d'été si fragiles, ces jolies cages à mouches en papier découpé, ces mobiliers d'une saison, guipure et mousseline flottant sur des transparents de soie claire. A l'arrivée des Bavarois, elle fut une des premières enlevées ; et, ma foi ! il faut avouer

que ces gens d'outre-Rhin sont des emballeurs
bien habiles, car cette pendule-joujou, guère plus
grosse qu'un œuf de tourterelle, put faire au milieu
des canons Krupp et des fourgons chargés de
mitraille le voyage de Bougival à Munich, arriver
sans une fêlure, et se montrer dès le lendemain,
Odeon-platz, à la devanture d'Augustus Cahn, le
marchand de curiosités, fraîche, coquette, ayant
toujours ses deux fines aiguilles, noires et recour-
bées comme des cils, et sa petite clef en sautoir au
bout d'un ruban neuf.

L'ILLUSTRE DOCTEUR-PROFESSEUR OTTO
DE SCHWANTHALER

Ce fut un événement dans Munich. On n'y
avait pas encore vu de pendule de Bougival, et
chacun venait regarder celle-là aussi curieusement
que les coquilles japonaises du musée de Siebold.
Devant le magasin d'Augustus Cahn, trois rangs
de grosses pipes fumaient du matin au soir, et
le bon populaire de Munich se demandait avec des
yeux ronds et des « *Mein Gott* » de stupéfaction à
quoi pouvait servir cette singulière petite machine.
Les journaux illustrés donnèrent sa reproduction.
Ses photographies s'étalèrent dans toutes les vi-

trines ; et c'est en son honneur que l'illustre docteur-professeur Otto de Schwanthaler composa
son fameux *Paradoxe sur les Pendules*, étude philo-
sophico-humoristique en six cents pages où il est
traité de l'influence des pendules sur la vie des
peuples, et logiquement démontré qu'une nation
assez folle pour régler l'emploi de son temps sur
des chronomètres aussi détraqués que cette petite
pendule de Bougival devait s'attendre à toutes
les catastrophes, ainsi qu'un navire qui s'en irait
en mer avec une boussole désorientée. (La phrase
est un peu longue, mais je la traduis textuelle-
lement.)

Les Allemands ne faisant rien à la légère, l'illustre docteur-professeur voulut, avant d'écrire son Paradoxe, avoir le sujet sous les yeux pour l'étudier
à fond, l'analyser minutieusement comme un ento-
mologiste ; il acheta donc la pendule, et c'est ainsi
qu'elle passa de la devanture d'Augustus Cahn
dans le salon de l'illustre docteur-professeur Otto
de Schwanthaler, conservateur de la Pinacothèque,
membre de l'Académie des sciences et beaux-arts,
en son domicile privé, Ludwigstrasse, 24.

LE SALON DES SCHWANTHALER

Ce qui frappait d'abord en entrant dans le salon
des Schwanthaler, académique et solennel comme
une salle de conférences, c'était une grande pendule à sujet en marbre sévère, avec une Polymnie
de bronze et des rouages très compliqués. Le
cadran principal s'entourait de cadrans plus petits,
et l'on avait là les heures, les minutes, les saisons,
les équinoxes, tout, jusqu'aux transformations de
la lune dans un nuage bleu clair au milieu du socle.
Le bruit de cette puissante machine remplissait
toute la maison. Du bas de l'escalier, on entendait
le lourd balancier s'en allant d'un mouvement
grave, accentué, qui semblait couper et mesurer
la vie en petits morceaux tout pareils ; sous ce tic-
tac sonore couraient les trépidations de l'aiguille
se démenant dans le cadre des secondes avec la
fièvre laborieuse d'une araignée qui connaît le
prix du temps.

Puis l'heure sonnait, sinistre et lente comme une
horloge de collège, et chaque fois que l'heure sonnait, il se passait quelque chose dans la maison des
Schwanthaler. C'était M. Schwanthaler qui s'en
allait à la Pinacothèque, chargé de paperasses,
ou la haute dame de Schwanthaler revenant du

sermon avec ses trois demoiselles, trois longues
filles enguirlandées qui avaient l'air de perches
à houblon ; ou bien les leçons de cithare, de danse,
de gymnastique, les clavecins qu'on ouvrait, les
métiers à broderies, les pupitres à musique d'ensemble qu'on roulait au milieu du salon, tout cela
si bien réglé, si compassé, si méthodique, que
d'entendre tous ces Schwanthaler se mettre en
branle au premier coup de timbre, entrer, sortir
par les portes ouvertes à deux battants, on son-
geait au défilé des apôtres dans l'horloge de Strasbourg, et l'on s'attendait toujours à voir sur le
dernier coup la famille Schwanthaler rentrer et
disparaître dans sa pendule.

SINGULIÈRE INFLUENCE DE LA PENDULE DE BOU-
GIVAL SUR UNE HONNÊTE FAMILLE DE MUNICH

C'est à côté de ce monument qu'on avait mis la
pendule de Bougival, et vous voyez d'ici l'effet de
sa petite mine chiffonnée. Voilà qu'un soir les dames
de Schwanthaler étaient en train de broder dans
le grand salon et l'illustre docteur-professeur lisait
à quelques collègues de l'Académie des sciences les
premières pages du *Paradoxe*, s'interrompant de
temps en temps pour prendre la petite pendule

et faire pour ainsi dire des démonstrations au tableau... Tout à coup, Éva de Schwanthaler, poussée par je ne sais quelle curiosité maudite, dit à son père en rougissant :

« O papa, faites-la sonner. »

Le docteur dénoua la clef, donna deux tours, et aussitôt on entendit un petit timbre de cristal si clair, si vif, qu'un frémissement de gaieté réveilla la grave assemblée. Il y eut des rayons dans tous les yeux :

« Que c'est joli ! que c'est joli ! » disaient les demoiselles de Schwanthaler, avec un petit air animé et des frétillements de nattes qu'on ne leur connaissait pas.

Alors M. de Schwanthaler, d'une voix triomphante :

« Regardez-la, cette folle de française ! elle sonne huit heures, et elle en marque trois ! »

Cela fit beaucoup rire tout le monde, et, malgré l'heure avancée, ces messieurs se lancèrent à corps perdu dans des théories philosophiques et des considérations interminables sur la légèreté du peuple français. Personne ne pensait plus à s'en aller. On n'entendit même pas sonner au cadran de Polymnie ce terrible coup de dix heures, qui dispersait d'ordinaire toute la société. La grande pendule

n'y comprenait rien. Elle n'avait jamais tant vu
de gaieté dans la maison Schwanthaler, ni du
monde au salon si tard. Le diable c'est que lorsque
les demoiselles de Schwanthaler furent rentrées
dans leur chambre, elles se sentirent l'estomac
creusé par la veille et le rire, comme des envies
de souper ; et la sentimentale Minna, elle-même,
disait en s'étirant les bras :

« Ah ! je mangerais bien une patte de homard. »

DE LA GAIETÉ, MES ENFANTS, DE LA GAIETÉ !

Une fois remontée, la pendule de Bougival reprit
sa vie déréglée, ses habitudes de dissipation. On
avait commencé par rire de ses lubies ; mais peu à
peu, à force d'entendre ce joli timbre qui sonnait à
tort et à travers, la grave maison de Schwanthaler
perdit le respect du temps et prit les jours avec
une aimable insouciance. On ne songea plus qu'à
s'amuser ; la vie paraissait si courte, maintenant
que toutes les heures étaient confondues ! Ce
fut un bouleversement général. Plus de sermon,
plus d'études ! Un besoin de bruit, d'agitation.
Mendelssohn et Schumann semblèrent trop monotones ; on les remplaça par la *Grande Duchesse*, le
Petit Faust, et ces demoiselles tapaient, sautaient,

et l'illustre docteur-professeur, pris lui aussi d'une
sorte de vertige, ne se lassait pas de dire : « De la
gaieté, mes enfants, de la gaieté !... » Quant à la
grande horloge, il n'en fut plus question. Ces demoiselles avaient arrêté le balancier, prétextant
qu'il les empêchait de dormir, et la maison s'en
alla toute au caprice du cadran désheuré.

C'est alors que parut le fameux *Paradoxe sur
les Pendules*. A cette occasion, les Schwanthaler
donnèrent une grande soirée, non plus une de
leurs soirées académiques d'autrefois, sobres de
lumières et de bruit, mais un magnifique bal
travesti, où madame de Schwanthaler et ses filles
parurent en canotières de Bougival, les bras nus,
la jupe courte, et le petit chapeau plat à rubans
éclatants. Toute la ville en parla, mais ce n'était
que le commencement. La comédie, les tableaux
vivants, les soupers, le baccarat ; voilà ce que
Munich scandalisé vit défiler tout un hiver dans
le salon de l'académicien. — « De la gaieté, mes
enfants, de la gaieté !... » répétait le pauvre bonhomme de plus en plus affolé, et tout ce monde-là
était très gai en effet. Madame de Schwanthaler,
mise en goût par ses succès de canotière, passait
sa vie sur l'Isar en costumes extravagants. Ces
demoiselles, restées seules au logis, prenaient des

leçons de français avec des officiers de hussards
prisonniers dans la ville ; et la petite pendule,
qui avait toutes raisons de se croire encore à
Bougival, jetait les heures à la volée, en sonnant
toujours huit quand elle en marquait trois... Puis,
un matin, ce tourbillon de gaieté folle emporta
la famille Schwanthaler en Amérique, et les plus
beaux Titien de la Pinacothèque suivirent dans sa
fuite leur illustre conservateur.

CONCLUSIONS

Après le départ des Schwanthaler, il y eut dans
Munich comme une épidémie de scandales. On vit
successivement une chanoinesse enlever un baryton,
le doyen de l'Institut épouser une danseuse, un
conseiller aulique faire sauter la coupe, le couvent des dames nobles fermé pour tapage
nocturne...

O malice des choses ! Il semblait que cette petite
pendule était fée, et qu'elle avait pris à tâche
d'ensorceler toute la Bavière. Partout où elle
passait, partout où sonnait son joli timbre à l'é-
vent, il affolait, détraquait les cervelles. Un jour,
d'étape en étape, elle arriva jusqu'à la résidence ;
et depuis lors, savez-vous quelle partition le roi

Louis, ce wagnérien enragé, a toujours ouverte sur son piano ?...

— Les *Maîtres chanteurs ?*

— Non !... Le *Phoque à ventre blanc ! !*

Ça leur apprendra à se servir de nos pendules.

LA DÉFENSE DE TARASCON

DIEU soit loué ! J'ai enfin des nouvelles de Tarascon. Depuis cinq mois, je ne vivais plus, j'étais d'une inquiétude !... Connaissant l'exaltation de cette bonne ville et l'humeur belliqueuse de ses habitants, je me disais : « Qui sait ce qu'a fait Tarascon ? S'est-il rué en masse sur les barbares ? S'est-il laissé bombarder comme Strasbourg, mourir de faim comme Paris, brûler vif comme Châteaudun ? ou bien, dans un accès de patriotisme farouche, s'est-il fait sauter comme Laon et son intrépide citadelle ?... » Rien de tout cela, mes amis. Tarascon n'a pas brûlé, Tarascon n'a pas sauté. Tarascon est toujours à la même place, paisiblement assis au milieu des vignes, du bon soleil plein ses rues, du bon muscat plein ses caves, et le Rhône qui baigne cette aimable localité emporte à la mer, comme par le passé, l'image d'une ville heureuse, des reflets de persiennes vertes, de jardins bien ratissés et de mi-

liciens en tuniques neuves faisant l'exercice tout
le long du quai.

Gardez-vous de croire pourtant que Tarascon
n'ait rien fait pendant la guerre. Il s'est au contraire admirablement conduit, et sa résistance
héroïque, que je vais essayer de vous raconter, aura
sa place dans l'histoire comme type de résistance
locale, symbole vivant de la défense du Midi.

LES ORPHÉONS

Je vous dirai donc que, jusqu'à Sedan, nos
braves Tarasconnais s'étaient tenus chez eux
bien tranquilles. Pour ces fiers enfants des Alpil-
les, ce n'était pas la patrie qui mourait là-haut ;
c'étaient les soldats de l'empereur, c'était l'Empire.
Mais une fois le 4 septembre, la République,
Attila campé sous Paris, alors, oui ! Tarascon se
réveilla, et l'on vit ce que c'est qu'une guerre
nationale... Cela commença naturellement par
une manifestation d'orphéonistes. Vous savez
quelle rage de musique ils ont dans le Midi. A
Tarascon surtout, c'est du délire. Dans les rues,
quand vous passez, toutes les fenêtres chantent,
tous les balcons vous secouent des romances sur
la tête.

N'importe la boutique où vous entrez, il y a toujours au comptoir une guitare qui soupire, et les garçons de pharmacie eux-mêmes vous servent en fredonnant : *Le Rossignol — et le Luth espagnol — Tralala — lalalala*. En dehors de ces concerts privés, les Tarasconnais ont encore la fanfare de la ville, la fanfare du collège, et je ne sais combien de sociétés d'orphéons.

C'est l'orphéon de Saint-Christophe et son admirable chœur à trois voix : *Sauvons la France*, qui donnèrent le branle au mouvement national.

« Oui, oui, sauvons la France ! » criait le bon Tarascon en agitant des mouchoirs aux fenêtres, et les hommes battaient des mains, et les femmes envoyaient des baisers à l'harmonieuse phalange qui traversait le cours sur quatre rangs de profondeur, bannière en tête et marquant fièrement le pas.

L'élan était donné. A partir de ce jour, la ville changea d'aspect : plus de guitare, plus de barcarolle. Partout le *Luth espagnol* fit place à la *Marseillaise*, et, deux fois par semaine, on s'étouffait sur l'Esplanade pour entendre la fanfare du collège jouer le *Chant du départ*. Les chaises coûtaient des prix fous !...

Mais les Tarasconnais ne s'en tinrent pas là.

LES CAVALCADES

Après la démonstration des orphéons, vinrent
les cavalcades historiques au bénéfice des blessés.
Rien de gracieux comme de voir, par un dimanche
de beau soleil, toute cette vaillante jeunesse taras-
connaise, en bottes molles et collants de couleur
tendre, quêter de porte en porte et caracoler sous
les balcons avec de grandes hallebardes et des
filets à papillons ; mais le plus beau de tout, ce
fut un carrousel patriotique — François Ier à la
bataille de Pavie — que ces messieurs du cercle
donnèrent trois jours de suite sur l'Esplanade. Qui
n'a pas vu cela n'a jamais rien vu. Le théâtre de
Marseille avait prêté les costumes ; l'or, la soie, le
velours, les étendards brodés, les écus d'armes, les
cimiers, les caparaçons, les rubans, les nœuds, les
bouffettes, les fers de lance, les cuirasses faisaient
flamber et papilloter l'Esplanade comme un miroir
aux alouettes. Par là-dessus, un grand coup de
mistral qui secouait toute cette lumière. C'était
quelque chose de magnifique. Malheureusement,
lorsque après une lutte acharnée, François Ier, —
M. Bompard, le gérant du cercle, — se voyait enveloppé par un gros de reîtres, l'infortuné Bompard
avait, pour rendre son épée, un geste d'épaules si

énigmatique, qu'au lieu de « tout est perdu fors
l'honneur », il avait plutôt l'air de dire : *Digo-li
que vengue, moun bon !* mais les Tarasconnais n'y
regardaient pas de si près, et des larmes patriotiques étincelaient dans tous les yeux.

LA TROUÉE

Ces spectacles, ces chants, le soleil, le grand
air du Rhône, il n'en fallait pas plus pour monter
les têtes. Les affiches du Gouvernement mirent le
comble à l'exaltation. Sur l'Esplanade, les gens ne
s'abordaient plus que d'un air menaçant, les dents
serrées, mâchant leurs mots comme des balles. Les
conversations sentaient la poudre. Il y avait du
salpêtre dans l'air. C'est surtout au café de la
Comédie, le matin en déjeunant, qu'il fallait les
entendre, ces bouillants Tarasconnais : « Ah çà !
qu'est-ce qu'ils font donc, les Parisiens avec leur
tron de Dieu de général Trochu ? Ils n'en finissent
pas de sortir... Coquin de bon sort ! Si c'était
Tarascon !... Trrr !... Il y a longtemps qu'on l'aurait
faite, la trouée ! » Et pendant que Paris s'étran-
glait avec son pain d'avoine, ces messieurs vous
avalaient de succulentes bartavelles arrosées de
bon vin des Papes, et luisants, bien repus, de la

sauce jusqu'aux oreilles, ils criaient comme des
sourds en tapant sur la table : « Mais faites-la donc,
votre trouée... » et qu'ils avaient, ma foi, bien
raison !

LA DÉFENSE DU CERCLE

Cependant l'invasion des barbares gagnait au
sud de jour en jour. Dijon rendu, Lyon menacé,
déjà les herbes parfumées de la vallée du Rhône
faisaient hennir d'envie les cavales des uhlans.
« Organisons notre défense ! » se dirent les Tarasconnais, et tout le monde se mit à l'œuvre. En
un tour de main, la ville fut blindée, barricadée,
casematée. Chaque maison devint une forteresse.
Chez l'armurier Costecalde, il y avait devant le
magasin une tranchée d'au moins deux mètres,
avec un pont-levis, quelque chose de charmant.
Au cercle, les travaux de défense étaient si con-
sidérables qu'on allait les voir par curiosité.
M. Bompard, le gérant, se tenait en haut de l'escalier, le chassepot à la main, et donnait des explications aux dames : « S'ils arrivent par ici, pan !
pan !... Si au contraire ils montent par là, pan !
pan ! » Et puis, à tous les coins de rues, des gens qui
vous arrêtaient pour vous dire d'un air mystérieux : « Le café de la Comédie est imprenable »,

ou bien encore : « On vient de torpiller l'Esplanade !... » Il y avait de quoi faire réfléchir les barbares.

LES FRANCS-TIREURS

En même temps, des compagnies de francs-tireurs s'organisaient avec frénésie. *Frères de la mort, Chacals du Narbonnais, Espingoliers du Rhône,* il y en avait de tous les noms, de toutes les couleurs, comme des centaurées dans un champ d'avoine ; et des panaches, des plumes de coq, des chapeaux gigantesques, des ceintures d'une largeur !... Pour se donner l'air plus terrible, chaque franc-tireur laissait pousser sa barbe et ses moustaches, si bien qu'à la promenade le monde ne se connaissait plus. De loin vous voyiez un brigand des Abruzzes qui venait sur vous la moustache en croc, les yeux flamboyants, avec un tremblement de sabres, de revolvers, de yatagans ; et puis quand on s'approchait, c'était le receveur Pégoulade. D'autres fois, vous rencontriez dans l'escalier Robinson Crusoé lui-même avec son chapeau pointu, son coutelas en dents de scie, un fusil sur chaque épaule ; au bout du compte, c'était l'armurier Costecalde qui rentrait de dîner en ville. Le diable, c'est qu'à force de se donner des

allures féroces, les Tarasconnais finirent par se
terrifier les uns les autres, et bientôt personne
n'osa plus sortir.

LAPINS DE GARENNE ET LAPINS DE CHOUX

Le décret de Bordeaux sur l'organisation des
gardes nationales mit fin à cette situation intolé-
rable. Au souffle puissant des triumvirs, prrrt ! les
plumes de coq s'envolèrent, et tous les francs-
tireurs de Tarascon — chacals, espingoliers et
autres — vinrent se fondre en un bataillon d'hon-
nêtes miliciens, sous les ordres du brave général
Bravida, ancien capitaine d'habillement. Ici,
nouvelles complications. Le décret de Bordeaux
faisait, comme on sait, deux catégories dans la
garde nationale : les gardes nationaux de marche
et les gardes nationaux sédentaires ; « lapins de
garenne et lapins de choux », disait assez drôlement
le receveur Pégoulade. Au début de la formation,
les gardes nationaux de garenne avaient naturellement le beau rôle. Tous les matins, le brave
général Bravida les menait sur l'Esplanade faire
l'exercice à feu, l'école de tirailleurs. — Couchez-
vous ! levez-vous ! et ce qui s'ensuit. Ces petites
guerres attiraient toujours beaucoup de monde.

Les dames de Tarascon n'en manquaient pas une,
et même les dames de Beaucaire passaient quelquefois le pont pour venir admirer nos lapins.
Pendant ce temps, les pauvres gardes nationaux
de choux faisaient modestement le service de la
ville et montaient la garde devant le musée, où il
n'y avait rien à garder qu'un gros lézard empaillé
avec de la mousse et deux fauconneaux du temps
du bon roi René. Pensez que les dames de Beaucaire ne passaient pas le pont pour si peu... Pourtant, après trois mois d'exercice à feu, lorsqu'on
s'aperçut que les gardes nationaux de garenne
ne bougeaient toujours pas de l'Esplanade, l'enthousiasme commença à se refroidir.

Le brave général Bravida avait beau crier à ses
lapins : « Couchez-vous ! levez-vous ! » personne
ne les regardait plus. Bientôt ces petites guerres
furent la fable de la ville. Dieu sait cependant que
ce n'était pas leur faute à ces malheureux lapins
si on ne les faisait pas partir. Ils en étaient assez
furieux. Un jour même ils refusèrent de faire
l'exercice.

« Plus de parade ! crient-ils en leur zèle patriotique ; nous sommes de marche ; qu'on nous fasse
marcher !

— Vous marcherez, ou j'y perdrai mon nom ! »

leur dit le brave général Bravida ; et tout bouffant
de colère, il alla demander des explications à la
mairie.

La mairie répondit qu'elle n'avait pas d'ordre
et que cela regardait la préfecture.

« Va pour la préfecture ! » fit Bravida ; et le
voilà parti sur l'express de Marseille à la recherche
du préfet, ce qui n'était pas une petite affaire,
attendu qu'à Marseille il y avait toujours cinq ou
six préfets en permanence, et personne pour vous
dire lequel était le bon. Par une fortune singulière,
Bravida lui mit la main dessus tout de suite, et
c'est en plein conseil de préfecture que le brave
général porta la parole au nom de ses hommes,
avec l'autorité d'un ancien capitaine d'habillement.

Dès les premiers mots, le préfet l'interrompit :

« Pardon, général... Comment se fait-il qu'à
vous vos soldats vous demandent de partir, et
qu'à moi ils me demandent de rester ?... Lisez
plutôt. »

Et, le sourire aux lèvres, il lui tendit une péti-
tion larmoyante, que deux lapins de garenne — les
deux plus enragés pour marcher — venaient d'a-
dresser à la préfecture avec apostilles du médecin,
du curé, du notaire, et dans laquelle ils deman-

4

daient à passer aux lapins de choux pour cause
d'infirmités.

« J'en ai plus de trois cents comme cela, ajouta
le préfet toujours en souriant. Vous comprenez
maintenant, général, pourquoi nous ne sommes
pas pressés de faire marcher vos hommes. On en
a malheureusement trop fait partir de ceux qui
voulaient rester. Il n'en faut plus... Sur ce, Dieu
sauve la République, et bien le bonjour à vos
lapins ! »

LE PUNCH D'ADIEU

Pas besoin de dire si le général était penaud en
retournant à Tarascon. Mais voici bien une autre
histoire. Est-ce qu'en son absence les Tarasconnais ne s'étaient pas avisés d'organiser un punch
d'adieu par souscription pour les lapins qui allaient partir ! Le brave général Bravida eut beau
dire que ce n'était pas la peine, que personne ne
partirait ; le punch était souscrit, commandé ;
il ne restait plus qu'à le boire, et c'est ce qu'on
fit... Donc, un dimanche soir, cette touchante
cérémonie du punch d'adieu eut lieu dans les salons
de la mairie, et, jusqu'au petit jour blanc, les
toasts, les vivats, les discours, les chants patriotiques, firent trembler les vitres municipales.

Chacun, bien entendu, savait à quoi s'en tenir sur
ce punch d'adieu ; les gardes nationaux de choux
qui le payaient avaient la ferme conviction que
leurs camarades ne partiraient pas, et ceux de
garenne qui le buvaient avaient aussi cette conviction, et le vénérable adjoint, qui vint d'une
voix émue jurer à tous ces braves qu'il était prêt
à marcher à leur tête, savait mieux que personne
qu'on ne marcherait pas du tout ; mais c'est égal !
Ces méridionaux sont si extraordinaires, qu'à la
fin du punch d'adieu tout le monde pleurait, tout
le monde s'embrassait, et, ce qu'il y a de plus fort,
tout le monde était sincère, même le général !...

A Tarascon, comme dans tout le midi de la
France, j'ai souvent observé cet effet de mirage.

LE PRUSSIEN DE BÉLISAIRE

VOICI quelque chose que j'ai entendu raconter, cette semaine, dans un cabaret de Montmartre. Il me faudrait, pour bien vous dire cela, le vocabulaire faubourien de maître Bélisaire, son grand tablier de menuisier, et deux ou trois coups de ce joli vin blanc de Montmartre, capable de donner l'accent de Paris, même à un Marseillais. Je serais sûr alors de vous faire passer dans les veines le frisson que j'ai eu en écoutant Bélisaire raconter, sur une table de compagnons, cette lugubre et véridique histoire :

« ... C'était le lendemain de l'amnistie (Bélisaire voulait dire de l'armistice). Ma femme nous avait envoyés nous deux l'enfant faire un tour du côté de Villeneuve-la-Garenne, rapport à une petite baraque que nous avions là-bas au bord de l'eau et dont nous étions sans nouvelles depuis le siège. Moi, ça me chiffonnait d'emmener le gamin. Je

savais que nous allions nous trouver avec les
Prussiens, et comme je n'en avais pas encore vu
en face, j'avais peur de me faire arriver quelque
histoire. Mais la mère en tenait pour son idée :
« Va donc ! va donc ! ça lui fera prendre l'air, à cet
« enfant. »

« Le fait est qu'il en avait besoin, le pauvre
petit, après ses cinq mois de siège et de moisissure !

« Nous voilà donc partis tous les deux à travers
champs. Je ne sais pas s'il était content, le mioche !
de voir qu'il y avait encore des arbres, des oiseaux,
et de s'en donner de barboter dans les terres
labourées. Moi, je n'y allais pas d'aussi bon cœur ;
il y avait trop de casques pointus sur les routes.
Depuis le canal jusqu'à l'île on ne rencontrait que
de ça. Et insolents !... Il fallait se tenir à quatre
pour ne pas taper dessus... Mais où je sentis la
colère me monter, là, vrai ! c'est en entrant dans
Villeneuve, quand je vis nos pauvres jardins tout
en déroute, les maisons ouvertes, saccagées, et
tous ces bandits installés chez nous, s'appelant
d'une fenêtre à l'autre et faisant sécher leurs tri-
cots de laine sur nos persiennes, nos treillages. .
Heureusement que l'enfant marchait près de moi,
et chaque fois que la main me démangeait trop, je

me pensais en le regardant : « Chaud là, Bélisaire !...
« Prenons garde qu'il n'arrive pas malheur au
« moutard. » Rien que ça m'empêchait de faire des
bêtises. Alors je compris pourquoi la mère avait
voulu que je l'emmène avec moi.

« La baraque est au bout du pays, la dernière
à main droite, sur le quai. Je la trouvai vidée du
haut en bas, comme les autres. Plus un meuble,
plus une vitre. Rien que quelques bottes de paille,
et le dernier pied du grand fauteuil qui grésillait
dans la cheminée. Ça sentait le Prussien partout,
mais on n'en voyait nulle part... Pourtant il me
semblait que quelque chose remuait dans le sous-
sol. J'avais là un petit établi, où je m'amusais à
faire des bricoles le dimanche. Je dis à l'enfant de
m'attendre, et je descendis voir.

« Pas plutôt la porte ouverte, voilà un grand
cheulard de soldat à Guillaume qui se lève en grognant de dessus les copeaux, et vient vers moi, les
yeux hors de la tête, avec un tas de jurements que
je ne comprends pas. Faut croire qu'il avait le
réveil bien méchant, cet animal-là ; car, au premier mot que j'essayai de lui dire, il se mit à tirer
son sabre...

« Pour le coup, mon sang ne fit qu'un tour.
Toute la bile que j'amassais depuis une heure

me sauta à la figure... J'agrippe le valet de l'établi
et je cogne... Vous savez, campagnons, si Bélisaire a le poignet solide à l'ordinaire ; mais il
paraît que ce jour-là j'avais le tonnerre de Dieu
au bout de mon bras... Au premier coup, mon
Prussien fait bonhomme et s'étale de tout son
long. Je ne le croyais qu'étourdi. Ah ! ben, oui...
Nettoyé, mes enfants, tout ce qu'il y a de mieux
comme nettoyage. Débarbouillé à la potasse,
quoi !

« Moi, qui n'avais jamais rien tué dans ma vie,
pas même une alouette, ça me fit tout de même
drôle de voir ce grand corps devant moi... Un joli
blond, ma foi, avec une petite barbe follette qui
frisait comme des copeaux de frêne. J'en avais les
deux jambes qui me tremblaient en le regardant.
Pendant ce temps-là, le gamin s'ennuyait là-haut,
et je l'entendais crier de toutes ses forces : « Papa !
papa ! »

« Des Prussiens passaient sur la route, on voyait
leurs sabres et leurs grandes jambes par le sou-
pirail du sous-sol. Cette idée me vint tout d'un
coup... « S'ils entrent, l'enfant est perdu... ils vont
« tout massacrer. » Ce fut fini, je ne tremblai plus.
Vite, je fourrai le Prussien sous l'établi. Je lui mis
dessus tout ce que je pus trouver de planches, de

copeaux, de sciure, et je remontai chercher le petit.

« — Arrive...

« — Qu'est-ce qu'il y a donc, papa ? Comme tu
« es pâle !...

« — Marche, marche. »

« Et je vous réponds que les Cosaques pouvaient
me bousculer, me regarder de travers, je ne ré-
clamais pas. Il me semblait toujours qu'on courait,
qu'on criait derrière nous. Une fois j'entendis un
cheval nous arriver dessus à la grande volée ; je
crus que j'allais tomber, du saisissement. Pourtant, après les ponts, je commençai à me reconnaître. Saint-Denis était plein de monde. Il n'y avait
pas de risque qu'on nous repêche dans le tas.
Alors seulement je pensai à notre pauvre baraque.
Les Prussiens, pour se venger, étaient dans le cas
d'y mettre le feu, quand ils retrouveraient leur
camarade, sans compter que mon voisin Jacquot,
le garde-pêche, était seul de Français dans le pays
et que ça pouvait lui faire arriver de la peine ce
soldat tué près de chez lui. Vraiment ce n'était
guère crâne de se sauver de cette façon-là.

« J'aurais dû m'arranger au moins pour le faire
disparaître... A mesure que nous arrivions vers
Paris, cette idée me tracassait davantage. Il n'y

a pas, ça me gênait de laisser ce Prussien dans ma
cave. Aussi, au rempart, je n'y tins plus :

« — Va devant, que je dis au mioche. J'ai encore
« une pratique à voir à Saint-Denis. »

« Là-dessus je l'embrasse et je m'en retourne. Le
cœur me battait bien un peu ; mais c'est égal, je
me sentais tout à l'aise de n'avoir plus l'enfant
avec moi.

« Quand je rentrai dans Villeneuve, il commençait à faire nuit. J'ouvrais l'œil, vous pensez,
et je n'avançais qu'une patte après l'autre. Pourtant le pays avait l'air assez tranquille. Je voyais
la baraque toujours à sa place, là-bas, dans le
brouillard. Au bord du quai, une longue palissade
noire ; c'étaient les Prussiens qui faisaient l'appel.
Bonne occasion pour trouver la maison vide. En
filant le long des clôtures, j'aperçus le père Jacquot
dans la cour en train d'étendre ses éperviers. Décidément on ne savait rien encore... J'entre chez
nous. Je descends, je tâte. Le Prussien était toujours sous ses copeaux ; il y avait même deux gros
rats en train de lui travailler son casque, et ça me
fit une fière souleur de sentir cette mentonnière
remuer. Un moment je crus que le mort allait
revenir... mais non ! sa tête était lourde, froide. Je
m'accouvai dans un coin, et j'attendis ; j'avais

mon idée de le jeter à la Seine, quand les autres
seraient couchés...

« Je ne sais pas si c'est le voisinage du mort, mais
elle m'a paru joliment triste ce soir-là la retraite
des Prussiens. De grands coups de trompette qui
sonnaient trois par trois : Ta ! ta ! ta ! Une vraie
musique de crapaud. Ce n'est pas sur cet air-là que
nos lignards voudraient se coucher, eux...

« Pendant cinq minutes, j'entendis traîner des
sabres, taper des portes ; puis des soldats entrèrent
dans la cour, et ils se mirent à appeler :

« Hofmann ! Hofmann ! »

« Le pauvre Hofmann se tenait sous ses copeaux,
bien tranquille... Mais c'est moi qui me faisais
vieux !... A chaque instant je m'attendais à les
voir entrer dans le sous-sol. J'avais ramassé le
sabre du mort, et j'étais là sans bouger, à me dire
dans moi-même : « Si tu en réchappes, mon petit
« père... tu devras un fameux cierge à saint Jean-
« Baptiste de Belleville !... »

« Tout de même, quand ils eurent assez appelé
Hofmann, mes locataires se décidèrent à rentrer.
J'entendis leurs grosses bottes dans l'escalier, et
au bout d'un moment, toute la baraque ronflait
comme une horloge de campagne. Je n'attendais
que cela pour sortir.

« La berge était déserte, toutes les maisons éteintes. Bonne affaire. Je redescends vivement. Je tire mon Hofmann de dessous l'établi, je le mets debout, et le hisse sur mon dos, comme un crochet de commissionnaire... C'est qu'il était lourd, le brigand !... Avec ça la peur, rien dans le battant depuis le matin... Je croyais que je n'aurais jamais la force d'arriver. Puis, voilà qu'au milieu du quai je sens quelqu'un qui marche derrière moi. Je me retourne. Personne... C'était la lune qui se levait... Je me dis : « Gare, tout à l'heure... les factionnaires « vont tirer. »

« Pour comble d'agrément, la Seine était basse. Si je l'avais jeté là sur le bord, il y serait resté comme dans une cuvette... J'entre, j'avance... Toujours pas d'eau... Je n'en pouvais plus : j'avais les articulations grippées... Finalement, quand je me crois assez avant, je lâche mon bonhomme... Va te promener, le voilà qui s'envase. Plus moyen de le faire bouger. Je pousse, je pousse... hue donc !... Par bonheur il arrive un coup de vent d'est. La Seine se soulève, et je sens le machabée qui démare tout doucement. Bon voyage ! j'avale une potée d'eau, et je remonte vite sur la berge.

« Quand je repassai le pont de Villeneuve, on

voyait quelque chose de noir au milieu de la Seine.
De loin, ça avait l'air d'un bachot. C'était mon
Prussien qui descendait du côté d'Argenteuil, en
suivant le fil de l'eau. »

LES PAYSANS A PARIS

A CHAMPROSAY, ces gens-là étaient très heureux. J'avais leur basse-cour juste sous mes fenêtres, et pendant six mois de l'année leur existence se trouvait un peu mêlée à la mienne. Bien avant le jour, j'entendais l'homme entrer dans l'écurie, atteler sa charrette et partir pour Corbeil, où il allait vendre ses légumes ; puis la femme se levait, habillait les enfants, appelait les poules, trayait la vache, et toute la matinée c'était une dégringolade de gros et de petits sabots dans l'escalier de bois... L'après-midi tout se taisait. Le père était aux champs, les enfants à l'école, la mère occupée silencieusement dans la cour à étendre du linge ou à coudre devant sa porte en surveillant le tout petit... De temps en temps quelqu'un passait dans le chemin, et on causait en tirant l'aiguille...

Une fois, c'était vers la fin du mois d'août, tou-

jours le mois d'août, j'entendis la femme qui
disait à une voisine :

« Allons donc, les Prussiens !... Est-ce qu'ils
sont en France, seulement ?

— Ils sont à Châlons, mère Jean !... » lui criai-je
par ma fenêtre. Cela la fit rire beaucoup... Dans
ce petit coin de Seine-et-Oise, les paysans ne
croyaient pas à l'invasion.

Tous les jours, cependant, on voyait passer des
voitures chargées de bagages. Les maisons des
bourgeois se fermaient, et dans ce beau mois où
les journées sont si longues, les jardins achevaient
de fleurir, déserts et mornes derrière leurs grilles
closes... Peu à peu mes voisins commencèrent à
s'alarmer. Chaque nouveau départ dans le pays les
rendait tristes. Ils se sentaient abandonnés... Puis
un matin, roulement de tambour aux quatre coins
du village ! Ordre de la mairie. Il fallait aller à
Paris vendre la vache, les fourrages, ne rien laisser
pour les Prussiens... L'homme partit pour Paris,
et ce fut un triste voyage. Sur le pavé de la grand'-
route, de lourdes voitures de déménagement se
suivaient à la file, pêle-mêle avec des troupeaux
de porcs et de moutons qui s'effaraient entre les
roues, des bœufs entravés qui mugissaient sur des
charrettes ; sur le bord, au long des fossés, de

pauvres gens s'en allaient à pied derrière de petites
voitures à bras pleines de meubles de l'ancien
temps, des bergères fanées, des tables empire,
des miroirs garnis de perse, et l'on sentait quelle
détresse avait dû entrer au logis pour remuer
toutes ces poussières, déplacer toutes ces reliques
et les traîner à tas par les grands chemins.

Aux portes de Paris, on s'étouffait. Il fallut
attendre deux heures... Pendant ce temps, le
pauvre homme, pressé contre sa vache, regardait
avec effarement les embrasures des canons, les
fossés remplis d'eau, les fortifications qui montaient à vue d'œil et les longs peupliers d'Italie
abattus et flétris sur le bord de la route... Le soir,
il s'en revint consterné, et raconta à sa femme tout
ce qu'il avait vu. La femme eut peur, voulut s'en
aller dès le lendemain. Mais d'un lendemain à
l'autre, le départ se trouvait toujours retardé...
C'était une récolte à faire, une pièce de terre
qu'on voulait encore labourer... Qui sait si on
n'aurait pas le temps de rentrer le vin?... Et
puis, au fond du cœur, une vague espérance que
peut-être les Prussiens ne passeraient pas leur
endroit.

Une nuit, ils sont réveillés par une détonation
formidable. Le pont de Corbeil venait de sauter.

Dans le pays, des hommes allaient, frappant de porte en porte :

« Les uhlans ! les uhlans ! sauvez-vous. »

Vite, vite, on s'est levé, on a attelé la charrette, habillé les enfants à moitié endormis, et l'on s'est sauvé par la traverse avec quelques voisins. Comme ils achevaient de monter la côte, le clocher a sonné trois heures. Ils se sont retournés une dernière fois. L'abreuvoir, la place de l'Église, leurs chemins habituels, celui qui descend vers la Seine, celui qui file entre les vignes, tout leur semblait déjà étranger, et dans le brouillard blanc du matin le petit village abandonné serrait ses maisons l'une contre l'autre, comme frissonnant d'une attente terrible.

Ils sont à Paris maintenant. Deux chambres au quatrième dans une rue triste... L'homme, lui, n'est pas trop malheureux. On lui a trouvé de l'ouvrage ; puis il est de la garde nationale, il a le rempart, l'exercice, et s'étourdit le plus qu'il peut pour oublier son grenier vide et ses prés sans semence. La femme, plus sauvage, se désole, s'ennuie, ne sait que devenir. Elle a mis ses deux aînées à l'école, et dans l'externat sombre, sans jardin, les fillettes étouffent en se rappelant leur

joli couvent de campagne, bourdonnant et gai
comme une ruche, et la demi-lieue à travers bois
qu'il fallait faire tous les matins pour aller le chercher. La mère souffre de les voir tristes, mais c'est
le petit surtout qui l'inquiète.

Là-bas il allait, venait, la suivant partout, dans
la cour, dans la maison, sautant la marche du seuil
autant de fois qu'elle-même, trempant ses petites
mains rougies dans le baquet à lessive, s'asseyant
près de la porte quand elle tricotait pour se reposer.
Ici quatre étages à monter, l'escalier noir où les
pieds bronchent, les maigres feux dans les cheminées étroites, les fenêtres hautes, l'horizon de
fumée grise et d'ardoises mouillées...

Il y a bien une cour où il pourrait jouer ; mais la
concierge ne veut pas. Encore une invention de
la ville, ces concierges ! Là-bas, au village, on est
maître chez soi, et chacun a son petit coin qui se
garde de lui-même. Tout le jour, le logis reste
ouvert ; le soir, on pousse un gros loquet de bois,
et la maison entière plonge sans peur dans cette
nuit noire de la campagne où l'on trouve de si
bons sommes. De temps en temps le chien aboie à
la lune, mais personne ne se dérange... A Paris,
dans les maisons pauvres, c'est la concierge qui
est la vraie propriétaire. Le petit n'ose pas des-

cendre seul, tant il a peur de cette méchante femme
qui leur a fait vendre leur chèvre, sous prétexte
qu'elle traînait des brins de paille et des épluchures
entre les pavés de la cour.

Pour distraire l'enfant qui s'ennuie, la pauvre
mère ne sait plus qu'inventer ; sitôt le repas fini,
elle le couvre comme s'ils allaient aux champs et
le promène par la main dans les rues, le long des
boulevards. Saisi, heurté, perdu, l'enfant regarde
à peine autour de lui. Il n'y a que les chevaux qui
l'intéressent ; c'est la seule chose qu'il reconnaisse
et qui le fasse rire. La mère non plus ne prend
plaisir à rien. Elle s'en va lentement, songeant à
son bien, à sa maison, et quand on les voit passer
tous les deux, elle avec son air honnête, sa mise
propre, ses cheveux lisses, le petit avec sa figure
ronde et ses grosses galoches, on devine bien qu'ils
sont dépaysés, en exil, et qu'ils regrettent de tout
leur cœur l'air vif et la solitude des routes de
village.

AUX AVANT-POSTES

SOUVENIRS DU SIÈGE

LES notes qu'on va lire ont été écrites au jour
le jour en courant les avant-postes. C'est
une feuille de mon carnet que je détache, pendant
que le siège de Paris est encore chaud. Tout cela
est haché, heurté, bâclé sur le genou, déchiqueté
comme un éclat d'obus ; mais je le donne tel quel,
sans rien changer, sans même me relire. J'aurais
trop peur de vouloir inventer, faire intéressant, et
de gâter tout.

A LA COURNEUVE, UN MATIN DE DÉCEMBRE

Une plaine blanche de froid, sonore, âpre, cra-
yeuse. Sur la boue gelée de la route, des bataillons
de ligne défilent pêle-mêle avec l'artillerie. Défilé
lent et triste. On va se battre. Les hommes, tré-
buchant, marchent la tête basse, en grelottant, le
fusil à la bricole, les mains dans leurs couvertures

comme dans des manchons. De temps en temps on
crie :

« Halte ! »

Les chevaux s'effarent, hennissent. Les caissons
tressautent. Les artilleurs se hissent sur leurs
selles et regardent, anxieux, par delà le grand mur
blanc du Bourget.

« Est-ce qu'on les voit ? » demandent les soldats
en battant la semelle...

Puis, en avant !... Le flot humain un moment
refoulé s'écoule toujours lentement, toujours silencieux.

A l'horizon, sur l'avancée du fort d'Aubervilliers, dans le ciel froid qu'illumine un soleil
levant d'argent mat, le gouverneur et son état-
major, petit groupe fin, se détachant comme sur
une nacre japonaise. Plus près de moi, un grand
vol de corneilles noires posées au bord du chemin ;
ce sont des chers frères ambulanciers. Debout, les
mains croisées sous leurs capes, ils regardent défiler
toute cette chair à canon d'un air humble, dévoué
et triste.

Même journée. — Villages déserts, abandonnés,
maisons ouvertes, toits crevés, fenêtres sans au-
vents qui vous regardent comme des yeux morts.
Par moments, dans une de ces ruines où tout

sonne, on entend quelque chose qui remue, un
bruit de pas, une porte qui grince ; et quand vous
avez passé, un lignard vient sur le seuil, l'œil
cave, méfiant, — maraudeur qui fait des fouilles
ou déserteur qui cherche à se terrer...

Vers midi, entré dans une de ces maisons de
paysans. Elle était vide et nue, comme raclée avec
les ongles. La pièce du bas, grande cuisine sans
portes ni fenêtres, ouvrait sur une basse-cour ; au
fond de la cour une haie vive, et derrière, la campagne à perte de vue. Il y avait dans un coin un
petit escalier de pierre en colimaçon. Je me suis
assis sur une marche et je suis resté là bien longtemps. C'était si bon ce soleil et ce grand calme
de tout. Deux ou trois grosses mouches de l'été
d'avant, ranimées par la lumière, bourdonnaient
au plafond contre les solives. Devant la cheminée,
où se voyaient des traces de feu, une pierre rouge
de sang gelé. Ce siège ensanglanté au coin de ces
cendres encore chaudes racontait une veillée
lugubre.

LE LONG DE LA MARNE

Sorti le 3 décembre par la porte de Montreuil.
Ciel bas, bise froide, brouillard.

Personne dans Montreuil. Portes et fenêtres

closes. Entendu derrière une palissade un troupeau
d'oies qui piaillait. Ici le paysan n'est pas parti,
il se cache. Un peu plus loin, trouvé un cabaret
ouvert. Il fait chaud, le poêle ronfle. Trois mobiles
de province déjeunent presque dessus. Silencieux,
les yeux bouffis, le visage enflammé, les coudes sur
la table, les pauvres moblots dorment et mangent
en même temps...

En sortant de Montreuil, traversé le bois de
Vincennes tout bleu de la fumée des bivouacs.
L'armée de Ducrot est là. Les soldats coupent des
arbres pour se chauffer. C'est pitié de voir les
trembles, les bouleaux, les jeunes frênes qu'on
emporte la racine en l'air, avec leur fine chevelure
dorée qui traîne derrière eux sur la route.

A Nogent, encore des soldats. Artilleurs en grands
manteaux, mobiles de Normandie joufflus et ronds
de partout comme des pommes, petits zouaves
encapuchonnés et lestes, lignards voûtés, coupés
en deux, leurs mouchoirs bleus sous le képi autour
des oreilles, tout cela grouille et flâne par les rues,
se bouscule à la porte de deux épiciers restés
ouverts. Une petite ville d'Algérie.

Enfin voici la campagne. Longue route déserte
qui descend vers la Marne. Admirable horizon
couleur de perle, arbres dépouillés frissonnant dans

la brume. Au fond, le grand viaduc du chemin de fer, sinistre à voir avec ses arches coupées, comme des dents qui lui manquent. En traversant le Perreux, dans une des petites villas du bord du chemin, jardins saccagés, maisons dévastées et mornes, vu derrière une grille trois grands chrysanthèmes blancs échappés au massacre et tout épanouis. J'ai poussé la grille, je suis entré ; mais ils étaient si beaux que je n'ai pas osé les cueillir.

Pris à travers champs et descendu à la Marne. Comme j'arrive au bord de l'eau, le soleil débarbouillé tape en plein sur la rivière. C'est charmant. En face, Petit-Bry, où l'on s'est tant battu la veille, étage paisiblement ses maisonnettes blanches sur la côte au milieu des vignes. De ce côté-ci de la rivière, une barque dans les roseaux. Sur la rive, un groupe d'hommes qui causent en regardant le coteau vis-à-vis. Ce sont des éclaireurs que l'on envoie à Petit-Bry voir si les Saxons y sont revenus. Je passe avec eux. Pendant que le bachot traverse, un des éclaireurs assis à l'arrière me dit tout bas :

« Si vous voulez des chassepots, la mairie de Petit-Bry en est pleine. Ils y ont laissé aussi un colonel de la ligne, un grand blond, la peau blanche

comme une femme, et des bottes jaunes toutes
neuves. »

Ce sont les bottes du mort qui l'ont surtout
frappé. Il y revient toujours :

« Vingt dieux ! les belles bottes ! » et ses yeux
brillent en m'en parlant.

Au moment d'entrer dans Petit-Bry, un marin
chaussé d'espadrilles, quatre ou cinq chassepots
sur les bras, déboule d'une ruelle et vient vers nous
en courant :

« Ouvrez l'œil, voilà les Prussiens. »

On se blottit derrière un petit mur et on regarde.

Au-dessus de nous, tout en haut des vignes,
c'est d'abord un cavalier, silhouette mélodrama-
tique, penché en avant sur sa selle, le casque en
tête, le mousqueton au poing. D'autres cavaliers
viennent ensuite, puis des fantassins qui se ré-
pandent dans les vignes en rampant.

Un d'eux — tout près de nous — a pris position
derrière un arbre et n'en bouge plus, un grand
diable à longue capote brune, un mouchoir de couleur serré autour de la tête. De la place où nous
sommes, ce serait un joli coup de fusil. Mais à
quoi bon ?... Les éclaireurs savent ce qu'ils voulaient. Maintenant vite à la barque ; le marinier
commence à jurer. Nous repassons la Marne sans

encombre... Mais à peine abordés, voilà des voix étouffées qui nous appellent de l'autre rive :

« Ohé ! du bateau !... »

C'est mon amateur de bottes de tout à l'heure et trois ou quatre de ses camarades qui ont essayé de pousser jusqu'à la mairie et qui reviennent précipitamment. Par malheur, il n'y a plus personne pour aller les chercher. Le marinier a disparu :

« Je ne sais pas ramer », me dit assez piteusement le sergent des éclaireurs blotti avec moi dans un trou du bord de l'eau. Pendant ce temps, les autres s'impatientent :

« Mais venez donc ! mais venez donc ! »

Il faut y aller. Rude corvée. La Marne est lourde et dure. Je rame de toutes mes forces, et tout le temps je sens dans mon dos le Saxon de là-haut qui me regarde, immobile derrière son arbre...

En abordant, un des éclaireurs saute avec tant de précipitation, que la barque se remplit d'eau. Impossible de les emmener tous, sans s'exposer à couler. Le plus brave reste sur la berge, à attendre. C'est un caporal de francs-tireurs, gentil garçon, en bleu, avec un petit oiseau piqué sur le devant de sa casquette. J'aurais bien voulu retourner le prendre, mais on commençait à se fusiller d'un bord à l'autre. Il a attendu un moment, sans rien dire ; puis il a filé du côté de Champigny, en rasant les murs. Je ne sais pas ce qu'il est devenu.

Même journée. — Quand le dramatique se mêle au grotesque, dans les choses aussi bien que dans les êtres, il arrive à des effets de terreur ou d'émotion d'une singulière intensité. Est-ce qu'une grande douleur sur une face ridicule ne vous émeut pas plus profondément qu'ailleurs ? Vous figurez-vous un bourgeois de Daumier dans les épouvantes de la mort, ou pleurant toutes ses larmes sur le cadavre d'un fils tué qu'on lui rapporte ? N'y a-t-il pas là quelque chose de particulièrement poignant ?... Eh bien ! toutes ces villas bourgeoises du bord de la Marne, ces chalets coloriés et burlesques, rose tendre, vert-pomme, jaune-serin, tourelles moyen âge coiffées de zinc, kiosques en fausse brique, jardinets rococos où se balancent des boules de métal blanc, maintenant que je les vois dans la fumée de la bataille, avec leurs toits crevés par les obus, leurs girouettes cassées, leurs murailles toutes crénélées, de la paille et du sang partout, je leur trouve cette physionomie épouvantable...

La maison où je suis entré pour me sécher était bien le type d'une de ces maisons-là. Je suis monté

au premier étage dans un petit salon, rouge et or.
On n'avait pas fini de poser la tapisserie. Il y avait
encore par terre des rouleaux de papier et des
bouts de baguettes dorées ; du reste, pas trace de
meubles, rien que des tessons de bouteilles, et dans
un coin une paillasse où dormait un homme en
blouse. Sur tout cela, une vague odeur de poudre,
de vin, de chandelle, de paille moisie... Je me
chauffe avec un pied de guéridon devant une
cheminée bête, en nougat rose. Par moment,
quand je la regarde, il me semble que je passe une
après-midi de dimanche à la campagne chez de
bons petits bourgeois. Est-ce qu'on ne joue pas
au jacquet derrière moi, dans le salon ?... Non !
ce sont des francs-tireurs qui chargent et déchar-
gent leurs chassepots. Détonation à part, c'est tout
à fait le bruit du tric-trac... A chaque coup de feu,
on nous répond de la rive en face. Le son porté
sur l'eau ricoche et roule sans fin entre les collines.

Par les meurtrières du salon, on voit la Marne
qui reluit, la berge pleine de soleil, et des Prussiens qui détalent comme de grands lévriers à
travers les échalas de vignes.

SOUVENIR DU FORT MONTROUGE

Tout en haut du fort, sur le bastion, dans l'embrasure des sacs de terre, les longues pièces de marine se dressaient fièrement, presque droites sur leurs affûts, pour faire tête à Châtillon. Ainsi pointées, la gueule en l'air, avec leurs anses des deux côtés comme des oreilles, on aurait dit de grands chiens de chasse aboyant à la lune, hurlant à la mort... Un peu plus bas, sur un terre-plein, les matelots, pour se distraire, avaient fait comme en un coin de navire une miniature de jardin anglais. Il y avait un banc, une tonnelle, des pelouses, des rocailles, et même un bananier. Pas bien grand par exemple, guère plus haut qu'une jacinthe ; mais c'est égal ! Il venait bien tout de même, et son panache vert faisait frais à l'œil, au milieu des sacs de terre et des piles d'obus.

Oh ! le petit jardin du fort Montrouge ! Je voudrais le voir entouré d'une grille, et qu'on y mît une pierre commémorative où seraient les noms de Carvès, de Desprez, de Saisset, et de tous les braves marins qui sont tombés là, sur ce bastion d'honneur.

A LA FOUILLEUSE

Le matin du 20 janvier.

Joli temps doux et voilé. Grandes terres de labour ondulant au loin comme la mer. Sur la gauche, les hautes collines sablonneuses qui servent de contrefort au mont Valérien. A droite, le moulin Gibet, petit moulin de pierre aux ailes fracassées, avec une batterie sur la plate-forme. Suivi pendant un quart d'heure la longue tranchée qui mène au moulin, et sur laquelle flotte comme un petit brouillard de rivière. C'est la fumée des bivouacs. Les soldats accroupis font le café, et soufflent le bois vert qui les aveugle et les fait tousser. D'un bout à l'autre de la tranchée court une longue toux creuse...

La Fouilleuse. Une ferme horizonnée de petits bois. Arrivé juste à temps pour voir nos dernières lignes battre en retraite. C'est le troisième mobile de Paris. Il défile, en bon ordre, au grand complet, commandant en tête. Après l'incompréhensible débandade à laquelle j'assiste depuis hier soir, cela me remonte un peu le cœur. Derrière eux, deux hommes à cheval passent près de moi, un général et son aide de camp. Les chevaux vont au pas ; les hommes causent, les voix sonnent. On entend celle

de l'aide de camp, voix jeune, un peu obsé-
quieuse :

« Oui, mon général... Oh ! non, mon général...
Sans doute, mon général. »

Et le général d'un ton doux et navré :

« Comment ! il a été tué ! Oh ! le pauvre enfant...
le pauvre enfant !... »

Puis un silence et le piétinement des chevaux
dans la terre grasse...

Je reste seul un moment à regarder ce grand
paysage mélancolique, qui a quelque chose des
plaines du Chélif ou de la Mitidja. Des files de
brancardiers en blouses grises montent d'un chemin
creux, avec leur drapeau blanc à croix rouge. On
peut se croire en Palestine, au temps des croisades.

PAYSAGES D'INSURRECTION

AU MARAIS

DANS l'ombre humide et provinciale de ces longues rues tortueuses où flottent des odeurs de droguerie et de bois de Campêche, parmi ces anciens hôtels du temps de Henri II et de Louis XIII, que l'industrie moderne a travestis en fabriques d'eau de seltz, de bronzes, de produits chimiques, ces jardinets moisis remplis de caisses, ces cours d'honneur à larges dalles où roulent les lourds camions, sous ces balcons ventrus, ces hautes persiennes, ces pignons vermoulus, enfumés comme des éteignoirs d'église, l'émeute avait, surtout aux premiers jours, une physionomie très particulière, quelque chose de bonhomme et de primitif. Des ébauches de barricades à tous les coins de rue, mais personne pour les garder. Pas de canons, pas de mitrailleuses. Des pavés empilés sans art, sans conviction, seulement pour le plaisir d'intercepter la voie et de faire de grandes mares

d'eau où barbotaient des volées de gamins et des
flottilles de bateaux en papier... Toutes les boutiques ouvertes, les boutiquiers sur leurs portes,
riant et politiquant d'un trottoir à l'autre. Ce
n'était pas ces gens-là qui faisaient l'émeute ;
mais on sentait qu'ils la regardaient faire avec
plaisir, comme si, en remuant les pavés de ces
quartiers pacifiques, on avait réveillé l'âme du
vieux Paris bourgeois, gouailleur, tapageur.

Ce qu'on appelait jadis le vent de Fronde courait dans le Marais. Sur le fronton des grands
hôtels, la grimace joyeuse des mascarons de pierre
avait l'air de dire : « Je connais ça. » Et malgré
moi, dans ma pensée, j'affublais de jaquettes à
fleurs, de culottes courtes, de larges feutres à
retroussis, tout ce brave petit monde de dro-
guistes, doreurs, marchands d'épices qui se tenaient les côtes à regarder dépaver leurs rues et
paraissaient si fiers d'avoir une barricade devant
leur magasin.

Par moments, au bout d'une longue ruelle noire,
je voyais des baïonnettes luire sur la place de Grève,
avec un pan de la vieille maison de ville toute
dorée par le soleil. Des cavaliers passaient au galop
dans ce coin de lumière, longs manteaux gris,
plumes flottantes. La foule courait, criait ; on

agitait les chapeaux. Était-ce mademoiselle de Montpensier ou le général Cremer ?... Les époques se brouillaient dans ma tête. De loin, dans le soleil, une chemise rouge d'estafette garibaldienne qui filait ventre à terre me faisait l'effet de la simarre du cardinal de Retz. Ce malin des malins dont on parlait dans tous les groupes, je ne savais plus si c'était M. Thiers ou Mazarin... Je me figurais vivre il y a trois cents ans.

A MONTMARTRE

En montant la rue Lepic, je voyais l'autre matin, dans une boutique de savetier, un officier de la garde nationale, galonné jusqu'aux coudes et le sabre au côté, qui ressemelait une paire de bottes, son tablier de cuir devant lui pour ne pas salir sa tunique. Tout le tableau de Montmartre insurgé tient dans l'encadrement de cette fenêtre d'échoppe.

Figurez-vous un grand village armé jusqu'aux dents, des mitrailleuses au bord d'un abreuvoir, la place de l'Église hérissée de baïonnettes, une barricade devant l'école, les boîtes à mitraille à côté des boîtes à lait, toutes les maisons transformées en casernes, à toutes les fenêtres des guêtres

d'uniforme qui sèchent, des képis qui se penchent pour écouter le rappel, des crosses de fusil
sonnant au fond des petites boutiques de fripiers,
et, du haut en bas de la butte, une dégringolade
de bidons, de sabres, de gamelles. Malgré tout, ce
n'est plus ce Montmartre farouche, défilant sur
le boulevard des Italiens, l'arme haute, la jugulaire au menton et marquant férocement le pas en
ayant l'air de se dire : « Tenons-nous bien. La
réaction nous regarde ! » Ici les insurgés sont chez
eux, et, en dépit des canons et des barricades, on
sent planer sur leur révolte je ne sais quoi de libre,
de paisible et de familial.

Une seule chose pénible à voir, c'est ce grouille-
ment de pantalons rouges, ces déserteurs de toutes
armes : zouaves, lignards, mobiles, qui encom-
brent la place de la Mairie, couchés sur des bancs,
vautrés au long des trottoirs, ivres, sales, en lambeaux, avec des barbes de huit jours... Au moment
où je passe, un de ces malheureux, grimpé sur un
arbre, harangue la foule en bégayant, au milieu
des rires et des huées. Dans un coin de la place, un
bataillon s'ébranle pour monter aux remparts :

« En avant ! » crient les officiers en agitant leurs
sabres. Les tambours battent la charge, et les bons
miliciens, enflammés d'ardeur, s'élancent à l'as-

saut d'une longue rue déserte, au bout de laquelle
on voit quelques poules qui s'effarent en criant.

...Tout en haut, dans une échappée de jardins
verts et de pentes jaunâtres, c'est le moulin de
la Galette transformé en poste militaire, des silhouettes de gardes nationaux, des tentes alignées,
de petits bivouacs qui fument, tout cela se détachant net et fin, comme au fond d'une longue-vue,
entre un ciel pluvieux et noir et l'ocre étincelant de
la butte.

AU FAUBOURG SAINT-ANTOINE

Une nuit de janvier, pendant le siège de Paris,
j'étais sur la placé de Nanterre, au milieu d'un
bataillon de francs-tireurs. L'ennemi venait d'at-
taquer nos grand'gardes, et l'on s'armait en hâte
pour aller à leur secours. Pendant que les hommes
se numérotaient à tâtons, dans le vent, dans la
neige, nous vîmes déboucher d'un coin de rue une
patrouille, précédée d'un falot.

« Halte-là ! Qui vive ?

— Mobiles de 48 », répondit une voix chevro-
tante.

C'étaient de tout petits bonshommes en manteaux courts, le képi sur l'oreille et l'allure jeunette.
A deux pas, on les eût pris pour des enfants de

troupe ; mais quand le sergent s'approcha pour se faire reconnaître, nos lanternes éclairèrent un petit vieux fané, ridé, des yeux clignotants, une barbiche blanche. L'enfant de troupe avait cent ans. Les autres n'étaient guère plus jeunes. Avec cela l'accent de Paris, et un air casse-assiettes ! De vieux gamins.

Arrivés de la veille aux avant-postes, les malheureux mobiles s'étaient égarés en faisant leur première patrouille. On les remit bien vite sur leur chemin :

« Dépêchez-vous, camarades ; les Prussiens nous attaquent.

— Ah ! ah !... les Prussiens nous attaquent », disaient les pauvres vieux tout affolés, et, faisant demi-tour, ils se perdirent dans la nuit, avec leur falot qui dansait secoué par la fusillade...

Je ne saurais vous dire l'impression fantastique que me firent ces petits gnomes ; ils paraissaient si vieux, si las, si éperdus ! Ils avaient l'air de venir de si loin ! Je me figurais une patrouille fantôme errant à travers champs depuis 1848, et cherchant son chemin depuis vingt-trois ans.

Les insurgés du faubourg Saint-Antoine m'ont rappelé cette apparition. J'ai trouvé là les anciens de 48, égarés éternels, vieillis mais incorrigibles,

l'émeutier en cheveux blancs, et avec lui le vieux
jeu de la bataille civile, la barricade classique à
deux et à trois étages, le drapeau rouge flottant
au sommet, les poses mélodramatiques sur la
culasse des canons, les manches retroussées, les
mines rébarbatives :

« Circulez, citoyens ! » et tout de suite la baïonnette croisée...

Et quel train, quelle agitation dans ce grand
faubourg de Babel ! Du Trône à la Bastille, ce
ne sont qu'alertes, prises d'armes, perquisitions,
arrestations, clubs en plein vent, pèlerinages à la
colonne, patrouillards en goguette qui ont perdu
le mot d'ordre, chassepots qui partent tout seuls,
ribaudes qu'on emmène au comité de la rue Bas-
froid, et le rappel, et la générale, et le tocsin. Oh !
le tocsin ; s'en donnent-ils, ces enragés, de secouer
leurs cloches ! Dès que le jour tombe, les clochers
deviennent fous et font danser leurs carillons comme
des grelots de marottes. Il y a le tocsin de l'ivrogne,
haletant, fantaisiste, irrégulier, entrecoupé de
hoquets et de défaillances. Le tocsin convaincu,
féroce, à tours de bras, qui sonne, sonne jusqu'à ce
que la corde casse ; puis le tocsin mou, sans enthousiasme, dont les notes ensommeillées tombent
lourdement, comme celles d'un couvre-feu...

Au milieu de tout ce vacarme, dans cet affolement de cloches et de cervelles, une chose m'a frappé, c'est la tranquillité de la rue Lappe et des ruelles et passages qui rayonnent autour. Il y a là comme une espèce de ghetto auvergnat, où les enfants du Cantal trafiquent paisiblement sur leurs vieilles ferrailles, sans plus s'occuper de l'insurrection que si elle était à mille lieues. En passant, je voyais tous ces braves Rémonencq très affairés dans leurs boutiques noires. Les femmes charabiaient en tricotant sur la pierre de la porte, et les petits enfants se roulaient dans le milieu du passage, avec leurs cheveux crépus, tout pleins de limaille de fer.

LE BAC

AVANT la guerre il y avait là un beau pont suspendu, deux hautes piles de pierre blanche et des cordages goudronnés qui filaient sur les horizons de la Seine avec cette apparence aérienne qui rend si beaux les ballons et les navires. Sous les grandes arches du milieu, la *chaîne* passait deux fois par jour dans des tourbillons de fumée, sans même avoir besoin d'abaisser ses tuyaux ; sur les côtés, on abritait les battoirs, les escabeaux des laveuses, et des petits bateaux de pêche retenus par des anneaux. Une allée de peupliers, tendue entre les prés comme un grand rideau vert agité à la fraîcheur de l'eau, conduisait au pont. C'était charmant...

Cette année, tout est changé. Les peupliers, toujours debout, mènent au vide. Il n'y a plus de pont. Les deux piles ont sauté, éparpillant tout autour les pierres qui sont restées là. La petite maison blanche du péage, à moitié détruite par la secousse, a l'air d'une ruine toute neuve, barricade ou démolition. Les cordes, les fils de fer trempent tristement ; le tablier affaissé dans le sable forme, au milieu de l'eau, comme une grande épave surmontée d'un drapeau rouge pour avertir les mariniers, et tout ce que la Seine emporte d'herbes coupées, de planches moisies s'arrête là en un barrage tout plein de remous et de tourbillons. Il y a une déchirure dans le paysage, quelque chose d'ouvert et qui sent le désastre. Pour achever d'attrister l'horizon, l'allée qui menait au pont s'est éclaircie. Tous ces beaux peupliers si touffus, dévorés jusqu'au faîte par les larves, — les arbres ont leurs invasions eux aussi, — étendent leurs branches sans bourgeons, amincies, déchiquetées ; et dans la grande avenue, inutile et déserte, les gros papillons blancs volent lourdement...

En attendant que le pont soit reconstruit, on a installé près de là un bac, un de ces immenses radeaux où l'on embarque les voitures tout attelées, des chevaux de labour avec leur charrue et des vaches qui arrondissent leurs yeux tranquilles à la vue et au mouvement de l'eau. Les bêtes et les attelages tiennent le milieu ; sur le côté, des passagers, des paysans, des enfants qui vont à l'école du bourg, des Parisiens en villégiature. Des voiles, des rubans flottent auprès des longes de chevaux. On dirait un radeau de naufragés. Le bac s'avance lentement. La Seine, si longue à traverser, paraît bien plus large qu'autrefois, et derrière les ruines du pont écroulé, entre ces deux rives presque étrangères l'une à l'autre, l'horizon s'agrandit avec une sorte de solennité triste.

Ce matin-là, j'étais arrivé de très bonne heure pour traverser l'eau. Il n'y avait encore personne sur la plage. La petite maison du passeur, un vieux wagon immobilisé dans le sable humide, était fermée, toute ruisselante de brouillard ; dedans, on entendait des enfants qui toussaient.

« Ohé ! Eugène !

— Voilà ! voilà ! » fit le passeur, qui arrivait en se traînant. C'est un beau marinier, encore assez jeune, mais il a servi comme artilleur dans la dernière guerre, et il en est revenu perclus de rhumatismes avec un éclat d'obus à la jambe et la figure toute balafrée. Le brave homme sourit en me voyant : « Nous ne serons pas gênés, ce matin, monsieur. »

En effet, j'étais seul sur le bac ; mais avant qu'il eût détaché son amarre, il nous arriva du monde. D'abord une grosse fermière aux yeux clairs, s'en allant au marché de Corbeil, avec deux grands paniers passés sous les bras, qui mettaient d'aplomb sa taille rustique, et la faisaient marcher ferme et droit ; puis derrière elle, dans le chemin creux, d'autres voyageurs qu'on apercevait vaguement à travers la brume, et dont nous entendions les voix. C'était une voix de femme, douce, pleine de larmes :

« Oh ! monsieur Chachignot, je vous en prie, ne nous faites pas avoir de la peine... Vous voyez qu'il travaille maintenant... Donnez-lui du temps pour payer... c'est tout ce qu'il demande.

— J'en ai assez donné, du temps... j'en donne plus », répondait une voix de vieux paysan, édentée et cruelle ; « ça regarde l'huissier à cette heure. Il fera ce qu'il voudra... Ohé ! Eugène ! »

— « C'est ce gueux de Chachignot, me dit le passeur à voix basse... Voilà ! voilà ! »

A ce moment, je vis arriver sur la plage un grand vieux, affublé d'une redingote de gros drap et d'un chapeau de soie, tout neuf, très haut de forme. Ce paysan hâlé, crevassé, dont les mains noueuses étaient déformées par la pioche, paraissait encore plus noir, plus brûlé, dans son vêtement de monsieur. Un front têtu, un grand nez crochu d'In-

dien apache, une bouche pincée, aux rides pleines
de malice, lui donnaient une physionomie féroce
qui allait bien avec ce nom de Chachignot.

« Allons, Eugène, vite en route », fit-il en sautant
dans le bac, et sa voix tremblait de colère. La
fermière s'approcha de lui pendant que le passeur
démarrait : « A qui en avez-vous donc, père Chachignot ?

— Tiens ! c'est toi, la Blanche ?... M'en parle
pas... Je suis furieux... c'est ces canailles de
Mazilier ! » Et il montrait du poing une petite
ombre chétive, qui remontait le chemin creux en
sanglotant.

« — Qu'est-ce qu'ils vous ont fait, ces gens-là ?

— Ils m'ont fait qu'ils me doivent quatre
termes et tout mon vin, et que je ne peux pas
en avoir un sou !... Aussi je vas chez l'huissier
de ce pas, pour faire flanquer tous ces gueux-là
dans la rue.

— C'est pourtant un brave homme ce Mazilier.
Il n'y a peut-être pas de sa faute s'il ne vous paye
pas ... Il y en a tant qui ont perdu pendant cette
guerre. »

Le vieux paysan eut une explosion :

« C'est *eun'* bête !... Il pouvait faire sa fortune
avec les Prussiens. C'est lui qui n'a pas voulu...

Du jour qu'ils sont arrivés, il a fermé son cabaret et décroché son enseigne... Les autres cafetiers ont fait des affaires d'or pendant là guerre ; lui n'a pas seulement vendu pour un sou... Pis que cela. Il s'est fait mettre en prison avec ses insolences... C'est *eun'* bête, que je te dis... Est-ce que ça le regardait, lui, toutes ces histoires ! Est-ce qu'il était militaire !... Il n'avait qu'à fournir du vin et de l'eau-de-vie à la pratique ; maintenant il pourrait me payer... Canaille, va ! je t'apprendrai à faire le patriote ! »

Et, rouge d'indignation, il se démenait dans sa grande redingote, avec les gestes balourds des gens de campagne habitués au bourgeron.

A mesure qu'il parlait, les yeux clairs de la fermière, tout à l'heure si pleins de compassion pour les Mazilier, devenaient secs, presque méprisants. C'était une paysanne, elle aussi, et ces gens-là n'estiment guère ceux qui refusent de gagner de l'argent. D'abord elle disait : « C'est ben malheureux pour la femme », puis un moment après : « Ça ! c'est vrai... Il ne faut pas tourner le dos à la chance... » Sa conclusion fut : « Vous avez raison, mon vieux père, quand on doit, il faut payer. » Chachignot, lui, répétait toujours entre ses dents serrées :

« C'est *eun'* bête... C'est *eun'* bête... »

Le passeur, qui les écoutait tout en manœuvrant sa perche le long du bac, crut devoir s'en mêler :

« Ne faites donc pas le méchant comme ça, père Chachignot... A quoi ça vous servira-t-il d'aller chez l'huissier ?... Vous serez bien avancé quand vous aurez fait vendre ces pauvres gens. Attendez donc encore un peu, puisque vous en avez le moyen. »

Le vieux se retourna comme si on l'avait mordu :

« Je te conseille de parler, toi, propre à rien ! Tu en es encore un de ces patriotes... Si ça ne fait pas pitié ! Cinq enfants, pas le sou, et ça s'en va s'amuser à tirer des coups de canon sans y être forcé... Et je vous demande un peu, monsieur (je crois qu'il s'adressait à moi, le misérable !), à quoi tout ça nous a servi ? Lui, par exemple, il y a gagné de s'être fait casser la figure, de perdre une bonne place qu'il avait... Et maintenant le voilà logé comme un bohémien, dans une baraque à tous les vents avec ses enfants qui prennent du mal, et sa femme qui s'éreinte à lessiver... C'est-il pas *eun'* bête, celui-là aussi ? »

Le passeur eut un éclair de colère, et au milieu de sa figure blême je vis sa balafre se creuser profonde et blanche ; mais il eut la force de se contenir

et passa sa rage sur la perche, qu'il enfonça dans
le sable jusqu'à la tordre. Un mot de trop pouvait
lui faire perdre encore cette place ; car M. Chachignot a de l'autorité dans le pays :

Il est du conseil municipal.

LE PORTE-DRAPEAU

I

LE régiment était en bataille sur un talus du chemin de fer, et servait de cible à toute l'armée prussienne massée en face, sous le bois. On se fusillait à quatre-vingts mètres. Les officiers criaient : « Couchez-vous !... » mais personne ne voulait obéir, et le fier régiment restait debout, groupé autour de son drapeau. Dans ce grand horizon de soleil couchant, de blés en épis, de pâturages, cette masse d'hommes, tourmentée, enveloppée d'une fumée confuse, avait l'air d'un troupeau surpris en rase campagne dans le premier tourbillon d'un orage formidable.

C'est qu'il en pleuvait du fer sur ce talus ! On n'entendait que le crépitement de la fusillade, le bruit sourd des gamelles roulant dans le fossé, et les balles qui vibraient longuement d'un bout à l'autre du champ de bataille, comme les cordes tendues d'un instrument sinistre et retentissant.

De temps en temps le drapeau qui se dressait au-
dessus des têtes, agité au vent de la mitraille,
sombrait dans la fumée : alors une voix s'élevait
grave et fière, dominant la fusillade, les râles, les
jurons des blessés : « Au drapeau, mes enfants, au
drapeau !... » Aussitôt un officier s'élançait vague
comme une ombre dans ce brouillard rouge, et
l'héroïque enseigne, redevenue vivante, planait
encore au-dessus de la bataille.

Vingt-deux fois elle tomba !... Vingt-deux fois
sa hampe encore tiède, échappée à une main
mourante, fut saisie, redressée ; et lorsqu'au soleil
couché, ce qui restait du régiment — à peine une
poignée d'hommes — battit lentement en retraite,
le drapeau n'était plus qu'une guenille aux mains
du sergent Hornus, le vingt-troisième porte-
drapeau de la journée.

II

Ce sergent Hornus était une vieille bête à trois
brisques, qui savait à peine signer son nom, et
avait mis vingt ans à gagner ses galons de sous-
officier. Toutes les misères de l'enfant trouvé, tout
l'abrutissement de la caserne se voyaient dans ce
front bas et buté, ce dos voûté par le sac, cette

allure inconsciente de troupier dans le rang. Avec cela il était un peu bègue, mais, pour être porte-drapeau, on n'a pas besoin d'éloquence. Le soir même de la bataille, son colonel lui dit : « Tu as le drapeau, mon brave ; eh bien, garde-le. » Et sur sa pauvre capote de campagne, déjà toute passée à la pluie et au feu, la cantinière surfila tout de suite un liséré d'or de sous-lieutenant.

Ce fut le seul orgueil de cette vie d'humilité. Du coup la taille du vieux troupier se redressa. Ce pauvre être habitué à marcher courbé, les yeux à terre, eut désormais une figure fière, le regard toujours levé pour voir flotter ce lambeau d'étoffe et le maintenir bien droit, bien haut, au-dessus de la mort, de la trahison, de la déroute.

Vous n'avez jamais vu d'homme si heureux qu'Hornus les jours de bataille, lorsqu'il tenait sa hampe à deux mains, bien affermie dans son étui de cuir. Il ne parlait pas, il ne bougeait pas. Sérieux comme un prêtre, on aurait dit qu'il tenait quelque chose de sacré. Toute sa vie, toute sa force était dans ses doigts crispés autour de ce beau haillon doré sur lequel se ruaient les balles, et dans ses yeux pleins de défi qui regardaient les Prussiens bien en face, d'un air de dire : « Essayez donc de venir me le prendre !... »

Personne ne l'essaya, pas même la mort. Après Borny, après Gravelotte, les batailles les plus meurtrières, le drapeau s'en allait de partout, haché, troué, transparent de blessures ; mais c'était toujours le vieil Hornus qui le portait.

III

Puis septembre arriva, l'armée sous Metz, le blocus, et cette longue halte dans la boue où les canons se rouillaient, où les premières troupes du monde, démoralisées par l'inaction, le manque de vivres, de nouvelles, mouraient de fièvre et d'ennui au pied de leurs faisceaux. Ni chefs ni soldats, personne ne croyait plus ; seul, Hornus avait encore confiance. Sa loque tricolore lui tenait lieu de tout, et tant qu'il la sentait là, il lui semblait que rien n'était perdu. Malheureusement, comme on ne se battait plus, le colonel gardait le drapeau chez lui dans un des faubourgs de Metz ; et le brave Hornus était à peu près comme une mère qui a son enfant en nourrice. Il y pensait sans cesse. Alors, quand l'ennui le tenait trop fort, il s'en allait à Metz tout d'une course, et rien que de l'avoir vu toujours à la même place, bien tranquille contre le mur, il s'en revenait plein de courage, de patience, rapportant, sous sa tente trempée, des rêves de bataille, de marche en avant, avec les trois couleurs toutes grandes déployées flottant là-bas sur les tranchées prussiennes.

Un ordre du jour du maréchal Bazaine fit crouler ces illusions. Un matin, Hornus, en s'éveillant, vit tout le camp en rumeur, les soldats par groupes, très animés, s'excitant, avec des cris de rage, des poings levés tous du même côté de la ville, comme si leur colère désignait un coupable. On criait : « Enlevons-le !... Qu'on le fusille !... » Et les officiers laissaient dire... Ils marchaient à l'écart, la tête basse, comme s'ils avaient eu honte devant leurs hommes. C'était honteux, en effet. On venait de lire à cent cinquante mille soldats, bien armés, encore valides, l'ordre du maréchal qui les livrait à l'ennemi sans combat.

« Et les drapeaux ? » demanda Hornus en pâlissant... Les drapeaux étaient livrés avec le reste, avec les fusils, ce qui restait des équipages, tout...

« To... To... Tonnerre de Dieu !... bégaya le pauvre homme. Ils n'auront toujours pas le mien...» et il se mit à courir du côté de la ville.

IV

Là aussi il y avait une grande animation. Gardes
nationaux, bourgeois, gardes mobiles criaient,
s'agitaient. Des députations passaient, frémis-
santes, se rendant chez le maréchal. Hornus, lui,
ne voyait rien, n'entendait rien. Il parlait seul,
tout en remontant la rue du Faubourg.

« M'enlever mon drapeau !... Allons donc ! Est-ce
que c'est possible ? Est-ce qu'on a le droit ? Qu'il
donne aux Prussiens ce qui est à lui, ses carrosses
dorés, et sa belle vaisselle plate rapportée de
Mexico ! Mais ça, c'est à moi... C'est mon honneur.
Je défends qu'on y touche. »

Tous ces bouts de phrase étaient hachés par la
course et sa parole bègue ; mais au fond il avait
son idée, le vieux ! Une idée bien nette, bien
arrêtée : prendre le drapeau, l'emporter au milieu
du régiment, et passer sur le ventre des Prussiens
avec tous ceux qui voudraient le suivre.

Quand il arriva là-bas, on ne le laissa pas même
entrer. Le colonel, furieux lui aussi, ne voulait voir
personne... mais Hornus ne l'entendait pas ainsi.

Il jurait, criait, bousculait le planton : « Mon
drapeau... je veux mon drapeau... » A la fin une
fenêtre s'ouvrit :

« C'est toi, Hornus ?

— Oui, mon colonel, je...

— Tous les drapeaux sont à l'Arsenal..., tu n'as qu'à y aller, on te donnera un reçu...

— Un reçu ?... Pourquoi faire ?...

— C'est l'ordre du maréchal...

— Mais, colonel...

— « F...-moi la paix !... » et la fenêtre se referma.

Le vieil Hornus chancelait comme un homme ivre.

« Un reçu..., un reçu... », répétait-il machinalement... Enfin il se remit à marcher, ne comprenant plus qu'une chose, c'est que le drapeau était à l'Arsenal et qu'il fallait le ravoir à tout prix.

V

Les portes de l'Arsenal étaient toutes grandes ouvertes pour laisser passer les fourgons prussiens qui attendaient rangés dans la cour. Hornus en entrant eut un frisson. Tous les autres porte-drapeaux étaient là, cinquante ou soixante officiers, navrés, silencieux ; et ces voitures sombres sous la pluie, ces hommes groupés derrière, la tête nue : on aurait dit un enterrement.

Dans un coin, tous les drapeaux de l'armée de Bazaine s'entassaient, confondus sur le pavé boueux. Rien n'était plus triste que ces lambeaux de soie voyante, ces débris de franges d'or et de hampes ouvragées, tout cet attirail glorieux jeté par terre, souillé de pluie et de boue. Un officier d'administration les prenait un à un, et, à l'appel de son régiment, chaque porte-enseigne s'avançait pour chercher un reçu. Raides, impassibles, deux officiers prussiens surveillaient le chargement.

Et vous vous en alliez ainsi, ô saintes loques glorieuses, déployant vos déchirures, balayant le pavé tristement comme des oiseaux aux ailes cassées ! Vous vous en alliez avec la honte des belles choses souillées, et chacune de vous emportait un peu de la France. Le soleil des longues marches restait entre vos plis passés. Dans les marques des balles vous gardiez le souvenir des morts inconnus, tombés au hasard sous l'étendard visé...

« Hornus, c'est à toi... On t'appelle... va chercher ton reçu... »

Il s'agissait bien de reçu !

Le drapeau était là devant lui. C'était bien le sien, le plus beau, le plus mutilé de tous... Et en le revoyant il croyait être encore là-haut sur le

talus. Il entendait chanter les balles, les gamelles
fracassées et la voix du colonel : « Au drapeau,
mes enfants !... » Puis ses vingt-deux camarades
par terre, et lui vingt-troisième se précipitant à
son tour pour relever, soutenir le pauvre drapeau
qui chancelait faute de bras. Ah ! ce jour-là il avait
juré de le défendre, de le garder jusqu'à la mort.
Et maintenant...

De penser à cela, tout le sang de son cœur lui
sauta à la tête. Ivre, éperdu, il s'élança sur l officier
prussien, lui arracha son enseigne bien-aimée qu'il
saisit à pleines mains ; puis il essaya de l'élever
encore, bien haut, bien droit en criant : « Au dra... »
mais sa voix s'arrêta au fond de sa gorge. Il
sentit la hampe trembler, glisser entre ses mains.
Dans cet air las, cet air de mort qui pèse si lourdement sur les villes rendues, les drapeaux ne
pouvaient plus flotter, rien de fier ne pouvait plus
vivre... Et le vieil Hornus tomba foudroyé.

LA MORT DE CHAUVIN

C'EST un dimanche d'août en wagon, dans tout le commencement de ce qu'on appelait alors l'incident hispano-prussien, que je le rencontrai pour la première fois. Je ne l'avais jamais vu, et pourtant je le reconnus tout de suite. Grand, sec, grisonnant, le visage enflammé, le nez en bec de buse, des yeux ronds, toujours en colère, qui ne se faisaient aimables que pour le monsieur décoré du coin ; le front bas, étroit, obstiné, un de ces fronts où la même pensée, travaillant sans cesse à la même place, a fini par creuser une seule ride très profonde, quelque chose dans la tournure de bonasse et de ratapoil, par-dessus tout, la terrible façon dont il roulait les *rr* en parlant de la « Frrance » et du « drapeau frrançais... » Je me dis : « Voilà Chauvin ! »

C'était Chauvin en effet, et Chauvin dans son beau, déclamant, gesticulant, souffletant la Prusse avec son journal, entrant à Berlin, la canne haute,

ivre, sourd, aveugle, fou furieux. Pas d'atermoie-
ment, pas de conciliation possible. La guerre ! il
lui fallait la guerre à tout prix !

« Et si nous ne sommes pas prêts, Chauvin ?...

— Monsieur, les Français sont toujours prêts !... »
répondait Chauvin en se redressant, et sous sa
moustache hérissée, les *rr* se précipitaient à faire
trembler les vitres... Irritant et sot personnage !
Comme je compris toutes les moqueries, toutes les
chansons qui vieillissent autour de son nom et lui
ont fait une célébrité ridicule !

Après cette première rencontre, je m'étais bien
juré de le fuir ; mais une fatalité singulière le mit
presque constamment sur mon chemin. D'abord
au Sénat, le jour où M. de Grammont vint annoncer
solennellement à nos pères conscrits que la guerre
était déclarée. Au milieu de toutes ces acclama-
tions chevrotantes, un formidable cri de « Vive la
France ! » partit des tribunes, et j'aperçus là-haut,
dans les frises, les grands bras de Chauvin qui
s'agitaient. Quelque temps après, je le retrouvai
à l'Opéra, debout dans la loge de Girardin, demandant le *Rhin allemand*, et criant aux chanteurs qui
ne le savaient pas encore : « Il faudra donc plus de
temps pour l'apprendre que pour le prendre !... »

Bientôt ce fut comme une obsession. Partout à

l'angle des rues, des boulevards, toujours perché
sur un banc, sur une table, cet absurde Chauvin
m'apparaissait au milieu des tambours, des drapeaux flottants, des *Marseillaises*, distribuant des
cigares aux soldats qui partaient, acclamant les
ambulances, dominant la foule de toute sa tête
enflammée, et si bruyant, si ronflant, si envahis-
sant, qu'on aurait dit qu'il y avait six cent mille
Chauvins dans Paris. Vraiment c'était à s'enfer-
mer chez soi, à clore portes et fenêtres pour
échapper à cette vision insupportable...

Mais le moyen de tenir en place après Wissembourg, Forbach et toute la série de désastres qui
nous faisaient de ce triste mois d'août comme un
long cauchemar à peine interrompu, cauchemar
d'été fiévreux et lourd ! Comment ne pas se mêler
à cette inquiétude vivante qui courait aux nouvelles et aux affiches, promenant toute la nuit
sous les becs de gaz des visages effarés, bouleversés ? Ces soirs-là encore, je rencontrai Chauvin.
Il allait sur les boulevards, de groupe en groupe,
pérorait au milieu de la foule silencieuse, plein
d'espoir, de bonnes nouvelles, sûr du succès,
malgré tout, vous répétant vingt fois de suite que
« les cuirassiers blancs de Bismarck avaient été
écrasés jusqu'au dernier... »

Chose singulière ! Déjà Chauvin ne me semblait plus si ridicule. Je ne croyais pas un mot de ce qu'il disait, mais c'est égal, cela me faisait plaisir de l'entendre. Avec tout son aveuglement, sa folie d'orgueil, son ignorance, on sentait dans ce diable d'homme une force vive et tenace, comme une flamme intérieure qui vous réchauffait le cœur.

Nous en eûmes bien besoin de cette flamme pendant les longs mois du siège, et ce terrible hiver de pain de chien, de viande de cheval. Tous les Parisiens sont là pour le dire : sans Chauvin, Paris n'aurait pas tenu huit jours. Dès le commencement, Trochu disait : « Ils entreront quand ils voudront. »

« Ils n'entreront pas », disait Chauvin. Chauvin avait la foi, Trochu ne l'avait pas. Chauvin croyait à tout, lui, il croyait aux plans notariés, à Bazaine, aux sorties ; toutes les nuits il entendait le canon de Chanzy du côté d'Étampes, les tirailleurs de Faidherbe derrière Enghien, et ce qu'il y a de plus fort, c'est que nous les entendions, nous aussi, tellement l'âme de ce jocrisse héroïque avait fini par se répandre en nous.

Brave Chauvin !

C'est toujours lui qui, le premier, apercevait dans le ciel jaune et bas, rempli de neige, la petite aile blanche des pigeons. Quand Gambetta nous

envoyait une de ses éloquentes tarasconnades, c'est
Chauvin qui, de sa voix retentissante, la déclamait
à la porte des mairies. Par les dures nuits de décembre, quand les longues queues grelottantes se
morfondaient devant les boucheries, Chauvin prenait bravement la file ; et grâce à lui tous ces
affamés trouvaient encore la force de rire, de
chanter, de danser des rondes dans la neige...

*Le, lon, la, laissez-les passer, les Prussiens dans
la Lorraine,* entonnait Chauvin, et les galoches
claquaient en mesure, et sous les capelines de laine
les pauvres figures pâlies avaient pour une minute
des couleurs de santé. Hélas ! tout cela ne servit
de rien. Un soir, en passant devant la rue Drouot,
je vis une foule anxieuse se presser en silence autour
de la mairie, et j'entendis dans ce grand Paris sans
voitures, sans lumières, la voix de Chauvin qui se
gonflait solennellement : « Nous occupons les hauteurs de Montretout. » Huit jours après, c'était
la fin.

A partir de ce moment, Chauvin ne m'apparut
plus qu'à de longs intervalles. Deux ou trois fois
je l'aperçus sur le boulevard, gesticulant, parlant
de la revanche, — encore un *r* à faire vibrer ; mais
personne ne l'écoutait plus. Paris gandin languissait
de retourner à ses plaisirs, Paris ouvrier a ses

colères, et le pauvre Chauvin avait beau faire ses grands bras, les groupes, au lieu de se serrer, se dispersaient à son approche.

« Gêneur », disaient les uns.

« Mouchard ! » disaient les autres... Puis, les jours d'émeute arrivèrent, le drapeau rouge, la Commune, Paris au pouvoir des nègres. Chauvin, devenu suspect, ne put plus sortir de chez lui. Pourtant, le fameux jour du déboulonnage, il devait être là, dans un coin de la place Vendôme. On le devinait au milieu de la foule. Les voyous l'insultaient sans le voir.

« Ohé, Chauvin !... » criaient-ils ; et lorsque la colonne tomba, des officiers prussiens, qui buvaient du champagne à une fenêtre de l'état-major, levèrent leurs verres en ricanant : « Ah ! ah ! ah ! Mossié Chaufin. »

Jusqu'au 23 mai, Chauvin ne donna plus signe de vie. Blotti au fond d'une cave, le malheureux se désespérait d'entendre les obus français siffler sur les toits de Paris. Un jour enfin, entre deux canonnades, il se hasarda à mettre le pied dehors. La rue était déserte et comme agrandie. D'un côté, la barricade se dressait menaçante avec ses canons et son drapeau rouge, à l'autre bout deux petits chasseurs de Vincennes s'avançaient en

rasant le mur, courbés, le fusil en avant : les
troupes de Versailles venaient d'entrer dans
Paris...

Le cœur de Chauvin bondit : « Vive la France ! »
cria-t-il en s'élançant au-devant des soldats. Sa
voix mourut dans une double fusillade. Par un
sinistre malentendu, l'infortuné s'était trouvé pris
entre ces deux haines qui le tuèrent en se visant.
On le vit rouler au milieu de la chaussée dépavée,
et il resta là, pendant deux jours, les bras étendus,
la face inerte.

Ainsi mourut Chauvin, victime de nos guerres
civiles. C'était le dernier Français.

ALSACE ! ALSACE !

J'AI fait, il y a quelques années, un voyage en Alsace qui est un de mes meilleurs souvenirs.

Non pas cet insipide voyage en chemin de fer dont on ne garde rien que des visions de pays découpé par des rails et des fils télégraphiques, mais un voyage à pied, le sac sur le dos, avec un bâton bien solide et un compagnon pas trop causeur... La belle façon de voyager, et comme tout ce qu'on a vu ainsi vous reste bien !

Maintenant surtout que l'Alsace est murée, il me revient de ce pays perdu toutes mes impressions d'autrefois avec cette saveur d'imprévu des longues courses dans une campagne admirable, où les bois se lèvent comme de grand rideaux verts sur des villages paisibles, inondés de soleil, où l'on voit à un tournant de montagne les clochers, les usines traversées de ruisseaux, les scieries, les moulins, la note éclatante d'un costume inconnu sortir tout à coup des fraîcheurs vertes de la plaine...

Tous les matins, au petit jour, nous étions sur
pied.

«Mossié!... Mossié!... c'est quatre heures!» nous
criait le garçon d'auberge. Vite, on sautait du lit,
et, le sac bouclé, on descendait à tâtons le petit
escalier de bois résonnant et fragile. En bas, avant
de partir, nous prenions un verre de kirsch dans
ces grandes cuisines d'hôtellerie où le feu s'allume
de bonne heure, avec ces frissonnements de sarments
qui font rêver de brouillards et de vitres humides.
Puis en route !

C'était dur au premier moment. A cette heure-là,
toutes les fatigues de la veille vous reviennent. Il
y a encore du sommeil dans les yeux et dans l'air.
Peu à peu cependant la rosée froide se dissipe, la
brume s'évapore au soleil... On va, on marche...
Quand la chaleur devenait trop lourde, nous nous
arrêtions pour déjeuner près d'une source, d'un
ruisseau, et l'on s'endormait dans les herbes au
bruit de l'eau courante pour être éveillé par l'élan
d'un gros bourdon qui vous frôlait en vibrant
comme une balle... La chaleur tombée, on se
remettait en route. Bientôt le soleil baissait, et à
mesure le chemin semblait se raccourcir. On cher-
chait un but, un asile, et l'on se couchait harassé
soit dans un lit d'auberge, soit dans une grange

ouverte, ou bien au pied d'une meule, à la belle
étoile, parmi des murmures d'oiseaux, des four-
millements d'insectes sous les feuilles, des bonds
légers, des vols silencieux, tous ces bruits de la
nuit qui dans la grande fatigue semblent des com-
mencements de rêve...

Comment s'appelaient-ils tous ces jolis villages
alsaciens que nous rencontrions espacés au bord
des routes ? Je ne me rappelle plus aucun nom
maintenant, mais ils se ressemblent tous si bien,
surtout dans le Haut-Rhin, qu'après en avoir tant
traversé à différentes heures, il me semble que je
n'en ai vu qu'un : la grande rue, les petits vitraux
encadrés de plomb, enguirlandés de houblon et
de roses, les portes à claire-voie où les vieux
s'appuyaient en fumant leurs grosses pipes, où les
femmes se penchaient pour appeler les enfants sur
la route... Le matin, quand nous passions, tout
cela dormait. A peine entendions-nous remuer la
paille des étables ou le souffle haletant des chiens
sous les portes. Deux lieues plus loin, le village
s'éveillait. Il y avait un bruit de volets ouverts,
de seaux heurtés, de ruisseaux emplis ; lourdement les vaches allaient à l'abreuvoir en chassant
les mouches avec leurs longues queues. Plus loin
encore, c'était toujours le même village, mais avec

6

le grand silence des après-midi d'été, rien qu'un
bourdonnement d'abeilles qui montaient en suivant les branches grimpantes jusqu'au faîte des
chalets, et la mélopée traînante de l'école. Parfois,
tout au bout du pays, un petit coin non plus de
village, mais de province, une maison blanche à
deux étages avec une plaque d'assurance toute
neuve et reluisante, des panonceaux de notaire ou
une sonnette de médecin. En passant on entendait
une valse au piano, un air un peu vieilli tombant
des persiennes vertes sur la route ensoleillée.
Plus tard, au crépuscule, les bestiaux rentraient,
on revenait des filatures. Beaucoup de bruit, de
mouvement. Tout le monde sur les portes, des
bandes de petits blondins dans la rue, et les vitres
allumées par un grand rayon du couchant, venu on
ne sait d'où...

Ce que je me rappelle encore avec bonheur, c'est
le village alsacien, le dimanche matin, à l'heure
des offices : les rues désertes, les maisons vides avec
quelques vieux qui se chauffent au soleil devant
leur porte ; l'église pleine, les vitraux colorés par
ces jolis tons mourants et roses qu'ont les cierges
au grand jour, le plain-chant entendu par bouffées
au passage, et un enfant de chœur en soutane
écarlate traversant lestement la place, tête nue,

l'encensoir à la main, pour aller chercher du feu chez le boulanger...

Quelquefois aussi nous restions des journées entières sans entrer dans un village. Nous cherchions les taillis, les chemins couverts, ces petits bois grêles qui bordent le Rhin et où sa belle eau verte vient se perdre dans des coins de marécage tout bourdonnant d'insectes. De loin en loin, à travers le mince réseau des branches, le grand fleuve nous apparaissait chargé de radeaux, de barques toutes pleines d'herbages coupés dans les îles, et qui semblaient elles-mêmes de petites îles éparpillées, emportées par le courant. Puis c'était le canal du Rhône au Rhin avec sa longue bordure de peupliers joignant leurs pointes vertes dans cette eau familière et comme privée, emprisonnée d'étroites rives. Çà et là sur la berge une cabane d'éclusier, des enfants courant pieds nus sur les barres de l'écluse, et, dans les jaillissements d'écume, de grands trains de bois qui s'avançaient lentement en tenant toute la largeur du canal.

Après, quand nous avions assez de zigzags et de flâneries, nous reprenions la grande route droite et blanche, plantée de noyers aux ombres fraîches et qui monte vers Bâle, la chaîne des Vosges à sa droite, le Schwartzwald de l'autre côté.

Oh ! par les lourds soleils de juillet, les bonnes
haltes que j'ai faites au bord de ce chemin de Bâle,
couché de tout mon long dans l'herbe sèche des
fossés, avec les perdrix qui s'appelaient d'un
champ à l'autre et la grande route qui faisait son
train mélancolique au-dessus de nos têtes. C'était
un juron de roulier, un grelot, un bruit d'essieu,
le pic d'un casseur de pierres, le galop pressé d'un
gendarme effarant un grand troupeau d'oies en
marches, des colporteurs harassés sous leur balle,
et le facteur en blouse bleue passementée de rouge
quittant tout à coup le grand chemin pour s'enfiler
dans une petite traverse bordée de haies sauvages,
où l'on sentait un hameau, une ferme, une vie
isolée tout au bout...

Et ces jolis imprévus du voyage à pied, les rac-
courcis qui allongent, les sentiers trompeurs que
font les roues des charrettes, les piétinements des
chevaux, et qui vous conduisent au beau milieu
d'un champ, les portes sourdes qui ne veulent pas
s'ouvrir, les auberges pleines, et l'averse, cette
bonne averse des jours d'été, si vite évaporée dans
l'air chaud, qui fait fumer les plaines, la laine des
troupeaux et jusqu'à la houppelande du berger.

Je me souviens d'un orage terrible qui nous surprit ainsi à travers bois en descendant du Ballon

d'Alsace. Quand nous quittâmes l'auberge d'en
haut, les nuages étaient au-dessous de nous.
Quelques sapins les dépassaient du faîte ; mais à
mesure que nous descendions, nous entrions posi-
tivement dans le vent, dans la pluie, dans la grêle.
Bientôt nous fûmes pris, enlacés dans un réseau
d'éclairs. Tout près de nous un sapin roula foudroyé,
et tandis que nous dégringolions un petit chemin
de *schlitage*, nous vîmes à travers un voile d'eau
ruisselante un groupe de petites filles abritées dans
un creux de roches. Épeurées, serrées les unes contre
les autres, elles tenaient à pleines mains leurs
tabliers d'indienne et de petits paniers d'osier
remplis de *mirtilles* noires, fraîches cueillies. Les
fruits luisaient avec des points de lumière, et les
petits yeux noirs qui nous regardaient du fond du
rocher ressemblaient aussi à des mirtilles mouillées. Ce grand sapin étendu sur la pente, ces coups
de tonnerre, ces petits coureurs de forêts déguenillés
et charmants, on aurait dit un conte du chanoine
Schmidt...

Mais aussi quelle bonne flambée en arrivant
à Rougegoutte ! Quel beau feu de foyer pour
sécher nos hardes, pendant que l'omelette sautait
dans la flamme, l'inimitable omelette d'Alsace
craquante et dorée comme un gâteau.

C'est le lendemain de cet orage que je vis une chose saisissante :

Sur le chemin de Dannemarie, à un tournant de haie, un champ de blé magnifique, saccagé, fauché, raviné par la pluie et la grêle, croisait par terre dans tous les sens ses tiges brisées. Les épis lourds et mûrs s'égrenaient dans la boue, et des volées de petits oiseaux s'abattaient sur cette moisson perdue, sautant dans ces ravins de paille humide et faisant voler le blé tout autour. En plein soleil, sous le ciel pur, c'était sinistre, ce pillage... Debout devant son champ ruiné, un grand paysan long, voûté, vêtu à la mode de la vieille Alsace, regardait cela silencieusement. Il y avait une vraie douleur sur sa figure, mais en même temps quelque chose de résigné et de calme, je ne sais quel espoir vague, comme s'il s'était dit que sous les épis couchés sa terre lui restait toujours, vivante, fertile, fidèle, et que, tant que la terre est là, il ne faut pas désespérer.

LE CARAVANSÉRAIL

JE ne peux pas me rappeler sans sourire le désenchantement que j'ai eu en mettant le pied pour la première fois dans un caravansérail d'Algérie. Ce joli mot de caravansérail, que traverse comme un éblouissement tout l'Orient féerique des *Mille et une Nuits*, avait dressé dans mon imagination des enfilades de galeries découpées en ogives, des cours mauresques plantées de palmiers, où la fraîcheur d'un mince filet d'eau s'égrenait en gouttes mélancoliques sur des carreaux de faïence émaillée ; tout autour, des voyageurs en babouches, étendus sur des nattes, fumaient leurs pipes à l'ombre des terrasses, et de cette halte montait sous le grand soleil des caravanes une odeur lourde de musc, de cuir brûlé, d'essence de rose et de tabac doré...

Les mots sont toujours plus poétiques que les choses. Au lieu du caravansérail que je m'imaginais, je trouvai une ancienne auberge de l'Îlede-France, l'auberge du grand chemin, station de rouliers, relai de poste, avec sa branche de houx, son banc de pierre à côté du portail, et tout un monde de cours, de hangars, de granges, d'écuries.

Il y avait loin de là à mon rêve des *Mille et une Nuits ;* pourtant cette première désillusion passée, je sentis bien vite le charme et le pittoresque de cette hôtellerie franque perdue, à cent lieues d'Alger, au milieu d'une immense plaine qu'horizonnait un fond de petites collines pressées et bleues comme des vagues. D'un côté, l'Orient pastoral, des champs de maïs, une rivière bordée de lauriers-roses, la coupole blanche de quelque vieux tombeau ; de l'autre, la grand'route, apportant dans ce paysage de l'Ancien Testament le bruit, l'animation de la vie européenne. C'est ce mélange d'Orient et d'Occident, ce bouquet d'Algérie moderne, qui donnait au caravansérail de madame Schontz une physionomie si amusante, si originale.

Je vois encore la diligence de Tlemcen entrant dans cette grande cour, au milieu des chameaux accroupis, tout chargés de bournous et d'œufs d'autruche. Sous les hangars, des nègres font leur kousskouss, des colons déballent une charrue modèle, des Maltais jouent aux cartes sur une mesure

à blé. Les voyageurs descendent, on change de
chevaux ; la cour est encombrée. C'est un spahi à
manteau rouge qui fait la fantasia pour les filles
de l'auberge, deux gendarmes arrêtés devant la
cuisine, buvant un coup sans quitter l'étrier ;
dans un coin, des juifs algériens en bas bleus, en
casquette, qui dorment sur des ballots de laine, en
attendant l'ouverture du marché ; car deux fois
par semaine un grand marché arabe se tenait sous
les murs du caravansérail.

Ces jours-là, en ouvrant ma fenêtre le matin,
j'avais en face de moi un fouillis de petites tentes,
une houle bruyante et colorée où les chéchias rouges
des Kabyles éclataient comme des coquelicots
dans un champ, et c'était jusqu'au soir des cris,
des disputes, un fourmillement de silhouettes au
soleil. Au jour tombant, les tentes se pliaient ;
hommes, chevaux, tout disparaissait, s'en allait
avec la lumière, comme un de ces petits mondes
tourbillonnants que le soleil emporte dans ses
rayons. Le plateau restait nu, la plaine redevenait
silencieuse, et le crépuscule d'Orient passait dans
l'air avec ses teintes irisées et fugitives comme des
bulles de savon... Pendant dix minutes, tout
l'espace était rose. Il y avait, je me rappelle, à
la porte du caravansérail, un vieux puits si bien

enveloppé dans ces lueurs du couchant, que sa
margelle usée semblait de marbre rose ; le seau
ramenait de la flamme, la corde ruisselait de gouttes de feu...

Peu à peu cette belle couleur de rubis s'étei-
gnait, passait à la mélancolie du lilas. Puis le lilas
lui-même s'étalait en s'assombrissant. Un bruissement confus courait jusqu'au bout de l'immense
plaine ; et tout à coup, dans le noir, dans le silence,
éclatait la musique sauvage des nuits d'Afrique,
clameurs éperdues des cigognes, aboiements des
chacals et des hyènes, et de loin en loin un mugis-
sement sourd, presque solennel, qui faisait frissonner les chevaux dans les écuries, les chameaux
sous les hangars des cours...

Oh ! comme cela semblait bon, en sortant tout
transi de ces flots d'ombre, de descendre dans la
salle à manger du caravansérail, et d'y trouver le
rire, la chaleur, les lumières, ce beau luxe de linge
frais et de cristaux clairs qui est si français ! Il
y avait là, pour vous faire les honneurs de la table,
madame Schontz, une ancienne beauté de Mulhouse,
et la jolie mademoiselle Schontz que sa joue en
fleur un peu hâlée et sa coiffe alsacienne aux ailes
de tulle noir faisaient ressembler à une rose sauvage de Guebviller ou de Rougegoutte sur laquelle

se serait posé un papillon... Étaient-ce les yeux
de la fille, ou le petit vin d'Alsace que la mère
vous versait au dessert, mousseux et doré comme
du champagne ? Toujours est-il que les dîners du
caravansérail avaient un grand renom dans les
camps du sud... Les tuniques bleu de ciel s'y pres-
saient à côté des vestons de hussards galonnés
de soutaches et de brandebourgs ; et bien avant
dans la nuit, la lumière s'attardait aux vitres de la
grande auberge.

Le repas fini, la table enlevée, on ouvrait un
vieux piano qui dormait là depuis vingt ans et l'on
se mettait à chanter des airs de France ; ou bien,
sur une Lauterbach quelconque, un jeune Werther
à sabretache faisait faire un tour de valse à
mademoiselle Schontz. Au milieu de cette gaieté
militaire un peu bruyante, dans ce cliquetis d'aiguillettes, de grands sabres et de petits verres, ce
rhythme langoureux qui passait, ces deux cœurs
qui battaient en mesure, enfermés dans le tournoiement de la valse, ces serments d'amour éternel qui mouraient sur un dernier accord, vous ne
pouvez rien vous figurer de plus charmant.

Quelquefois, dans la soirée, la grosse porte du
caravansérail s'ouvrait à deux battants, des chevaux piaffaient dans la cour. C'était un aga du

voisinage qui, s'ennuyant avec ses femmes, venait
frôler la vie occidentale, écouter le piano des roumis
et boire du vin de France. *Une seule goutte de vin
est maudite*, dit Mahomet dans son Coran ; mais il
y a des accommodements avec la Loi. A chaque
verre qu'on lui versait, l'aga prenait, avant de
boire, une goutte au bout de son doigt, la secouait
gravement, et, cette goutte maudite une fois
chassée, il buvait le reste sans remords. Alors,
tout étourdi de musique et de lumières, l'Arabe
se couchait par terre dans ses bournous, riait
silencieusement en montrant ses dents blanches
et suivait les ronds de la valse avec des yeux enflammés.

... Hélas ! maintenant où sont-ils les valseurs
de mademoiselle Schontz ? où sont les tuniques
bleu de ciel, les jolis hussards à taille de guêpe ?
Dans les houblonnières de Wissembourg, dans les
sainfoins de Gravelotte... Personne ne viendra
plus boire le petit vin d'Alsace au caravansérail
de madame Schontz. Les deux femmes sont mortes,
le fusil au poing, en défendant contre les Arabes
leur caravansérail incendié. De l'ancienne hôtellerie si vivante, les murs seuls — ces grands osse-
ments des bâtisses — restent debout, tout calcinés.
Les chacals rôdent dans les cours. Çà et là un bout

d'écurie, un hangar épargné par la flamme se dresse comme une apparition de vie ; et le vent, ce vent de désastre qui souffle depuis deux ans sur notre pauvre France des bords du Rhin jusqu'à Laghouat, de la Saar au Sahara, passe chargé de plaintes dans ces ruines et fait battre les portes tristement.

UN DÉCORÉ DU 15 AOÛT

UN soir, en Algérie, à la fin d'une journée de chasse, un violent orage me surprit dans la plaine du Chélif, à quelques lieues d'Orléansville. Pas l'ombre d'un village ni d'un caravansérail en vue. Rien que des palmiers nains, des fourrés de lentisques et de grandes terres labourées jusqu'au bout de l'horizon. En outre, le Chélif, grossi par l'averse, commençait à ronfler d'une façon alarmante, et je courais risque de passer ma nuit en plein marécage. Heureusement l'interprète civil du bureau de Milianah, qui m'accompagnait, se souvint qu'il y avait tout près de nous, cachée dans un pli de terrain, une tribu dont il connaissait l'aga, et nous nous décidâmes à aller lui demander l'hospitalité pour une nuit.

Ces villages arabes de la plaine sont tellement enfouis dans les cactus et les figuiers de Barbarie, leurs gourbis de terre sèche sont bâtis si ras du sol, que nous étions au milieu du douar avant de l'avoir aperçu. Était-ce l'heure, la pluie, ce grand silence?... Mais le pays me parut bien triste et comme sous le poids d'une angoisse qui y avait suspendu la vie. Dans les champs, tout autour, la récolte s'en allait à l'abandon. Les blés, les orges, rentrés partout ailleurs, étaient là couchés, en train de pourrir sur place. Des herses, des charrues rouillées traînaient, oubliées sous la pluie. Toute la tribu avait ce même air de tristesse délabrée et d'indifférence. C'est à peine si les chiens aboyaient à notre approche. De temps en temps, au fond d'un gourbi, on entendait des cris d'enfant, et l'on voyait passer dans le fourré la tête rase d'un gamin, ou le haïck troué de quelque vieux. Çà et là, de petits ânes, grelottant sous les buissons. Mais pas un cheval, pas un homme... comme si on était encore au temps des grandes guerres, et tous les cavaliers partis depuis des mois.

La maison de l'aga, espèce de longue ferme aux murs blancs, sans fenêtres, ne paraissait pas plus vivant que les autres. Nous trouvâmes les écuries ouvertes, les box et les mangeoires vides, sans un palefrenier pour recevoir nos chevaux.

« Allons voir au café maure », me dit mon compagnon.

Ce qu'on appelle le café maure est comme le salon

de réception des châtelains arabes ; une maison dans la maison, réservée aux hôtes de passage, et où ces bons musulmans si polis, si affables, trouvent moyen d'exercer leurs vertus hospitalières tout en gardant l'intimité familiale que commande la loi. Le café maure de l'aga Si-Sliman était ouvert et silencieux comme ses écuries. Les hautes murailles peintes à la chaux, les trophées d'armes, les plumes d'autruche, le large divan bas courant autour de la salle, tout cela ruisselait sous les paquets de pluie que la rafale chassait par la porte... Pourtant il y avait du monde dans le café. D'abord le cafetier, vieux Kabyle en guenilles, accroupi la tête entre ses genoux, près d'un brasero renversé. Puis le fils de l'aga, un bel enfant fiévreux et pâle, qui reposait sur le divan, roulé dans un bournous noir, avec deux grands lévriers à ses pieds.

Quand nous entrâmes, rien ne bougea ; tout au plus si un des lévriers remua la tête, et si l'enfant daigna tourner vers nous son bel œil noir, enfiévré et languissant.

« Et Si-Sliman ? » demanda l'interprète.

Le cafetier fit par-dessus sa tête un geste vague qui montrait l'horizon, loin, bien loin... Nous comprîmes que Si-Sliman était parti pour quelque grand voyage ; mais, comme la pluie ne nous per-

mettait pas de nous remettre en route, l'interprète,
s'adressant au fils de l'aga, lui dit en arabe que
nous étions des amis de son père, et que nous lui
demandions un asile jusqu'au lendemain. Aussitôt
l'enfant se leva, malgré le mal qui le brûlait, donna
des ordres au cafetier, puis, nous montrant les
divans d'un air courtois, comme pour nous dire :
«Vous êtes mes hôtes», il salua à la manière arabe,
la tête inclinée, un baiser du bout des doigts, et, se
drapant fièrement dans ses bournous, sortit avec
la gravité d'un aga et d'un maître de maison.

Derrière lui, le cafetier ralluma son brasero,
posa dessus deux bouilloires microscopiques, et,
tandis qu'il nous préparait le café, nous pûmes lui
arracher quelques détails sur le voyage de son
maître et l'étrange abandon où se trouvait la
tribu. Le Kabyle parlait vite, avec des gestes de
vieille femme, dans un beau langage guttural,
tantôt précipité, tantôt coupé de grands silences
pendant lesquels on entendait la pluie tombant sur
la mosaïque des cours intérieures, les bouilloires
qui chantaient, et les aboiements des chacals
répandus par milliers dans la plaine.

Voici ce qui était arrivé au malheureux Si-
Sliman. Quatre mois auparavant, le jour du 15
août, il avait reçu cette fameuse décoration de la

Légion d'honneur qu'on lui faisait attendre depuis si longtemps. C'était le seul aga de la province qui ne l'eût pas encore. Tous les autres étaient chevaliers, officiers ; deux ou trois même portaient autour de leur haïck le grand cordon de commandeur et se mouchaient dedans en toute innocence, comme je l'ai vu faire bien des fois au Bach'Aga Boualem. Ce qui jusqu'alors avait empêché Si-Sliman d'être décoré, c'est une querelle qu'il avait eue avec son chef de bureau arabe à la suite d'une partie de bouillotte, et la camaraderie militaire est tellement puissante en Algérie, que, depuis dix ans, le nom de l'aga figurait sur des listes de proposition, sans jamais parvenir à passer. Aussi vous pouvez vous imaginer la joie du brave Si-Sliman, lorsqu'au matin du 15 août, un spahi d'Orléansville était venu lui apporter le petit écrin doré avec le brevet de légionnaire, et que Baïa, la plus aimée de ses quatre femmes, lui avait attaché la croix de France sur son bournous en poils de chameau. Ce fut pour la tribu l'occasion de diffas et de fantasias interminables. Toute la nuit, les tambourins, les flûtes de roseau retentirent. Il y eut des danses, des feux de joie, je ne sais combien de moutons de tués ; et pour que rien ne manquât à la fête, un fameux improvisateur du Djendel composa, en l'honneur de Si-Sliman, une cantate magnifique qui commençait ainsi : « *Vent, attelle les coursiers pour porter la bonne nouvelle...* »

Le lendemain, au jour levant, Si-Sliman appela sous les armes le ban et l'arrière-ban de son goum, et s'en alla à Alger avec ses cavaliers pour remercier le gouverneur. Aux portes de la ville, le goum s'arrêta, selon l'usage. L'aga se rendit seul au palais du gouvernement, vit le duc de Malakoff et l'assura de son dévouement à la France, en quelques phrases pompeuses de ce style oriental qui passe pour imagé, parce que, depuis trois mille ans, tous les jeunes hommes y sont comparés à des palmiers, toutes les femmes à des gazelles. Puis, ces devoirs rendus, il monta se faire voir dans la ville haute, fit, en passant, ses dévotions à la mosquée, distribua de l'argent aux pauvres, entra chez les barbiers, chez les brodeurs, acheta pour ses femmes des eaux de senteur, des soies à fleurs et à ramages, des corselets bleus tout passementés d'or, des bottes rouges de cavalier pour son petit aga, payant sans marchander et répandant sa joie en beaux douros. On le vit dans les bazars, assis sur des tapis de Smyrne, buvant le café à la porte des marchands maures, qui le félicitaient. Autour de lui la foule se pressait, curieuse. On disait : « Voilà

Si-Sliman... l'*emberour* vient de lui envoyer la
croix. » Et les petites mauresques qui revenaient
du bain, en mangeant des pâtisseries, coulaient
sous leurs masques blancs de longs regards d'admiration vers cette belle croix d'argent neuf si fièrement portée. Ah ! l'on a parfois de bons moments
dans la vie...

Le soir venu, Si-Sliman se préparait à rejoindre
son goum, et déjà il avait le pied dans l'étrier,
quand un chaouch de la préfecture vint à lui tout
essoufflé :

« Te voilà, Si-Sliman, je te cherche partout...
Viens vite, le gouverneur veut te parler ! »

Si-Sliman le suivit sans inquiétude. Pourtant,
en traversant la grande cour mauresque du palais,
il rencontra son chef de bureau arabe qui lui fit
un mauvais sourire. Ce sourire d'un ennemi l'effraya, et c'est en tremblant qu'il entra dans le salon
du gouverneur. Le maréchal le reçut à califour-
chon sur une chaise :

« Si-Sliman, lui dit-il avec sa brutalité ordinaire
et cette fameuse voix de nez qui donnait le tremblement à tout son entourage, Si-Sliman, mon garçon,
je suis désolé .. il y a eu erreur... Ce n'est pas toi
qu'on voulait décorer ; c'est le kaïd des Zoug-
Zougs... il faut rendre ta croix. »

La belle tête bronzée de l'aga rougit comme si on l'avait approchée d'un feu de forge. Un mouvement convulsif secoua son grand corps. Ses yeux flambèrent... Mais ce ne fut qu'un éclair. Il les baissa presque aussitôt, et s'inclina devant le gouverneur.

« Tu es le maître, seigneur », lui dit-il, et arrachant la croix de sa poitrine, il la posa sur une table. Sa main tremblait ; il y avait des larmes au bout de ses longs cils. Le vieux Pélissier en fut touché :

« Allons, allons, mon brave, ce sera pour l'année prochaine. »

Et il lui tendait la main d'un air bon enfant.

L'aga feignit de ne pas la voir, s'inclina sans répondre et sortit. Il savait à quoi s'en tenir sur la promesse du maréchal, et se voyait à tout jamais déshonoré par une intrigue de bureau.

Le bruit de sa disgrâce s'était déjà répandu dans la ville. Les Juifs de la rue Bab-Azoun le regardaient passer en ricanant. Les marchands maures, au contraire, se détournaient de lui d'un air de pitié ; et cette pitié lui faisait encore plus de mal que ces rires. Il s'en allait, longeant les murs, cherchant les ruelles les plus noires. La place de sa

croix arrachée le brûlait comme une blessure ouverte. Et tout le temps, il pensait :

« Que diront mes cavaliers ? que diront mes
femmes ? »

Alors il lui venait des bouffées de rage. Il se
voyait prêchant la guerre sainte, là-bas, sur les
frontières du Maroc toujours rouges d'incendies et
de batailles ; ou bien courant les rues d'Alger à
la tête de son goum, pillant les Juifs, massacrant
les chrétiens, et tombant lui-même dans ce grand
désordre où il aurait caché sa honte. Tout lui paraissait possible plutôt que de retourner dans sa
tribu... Tout à coup, au milieu de ses projets de
vengeance, la pensée de l'*Emberour* jaillit en lui
comme une lumière.

L'*Emberour* !... Pour Si-Sliman, comme pour
tous les Arabes, l'idée de justice et de puissance se
résumait dans ce seul mot. C'était le vrai chef des
croyants de ces musulmans de la décadence ;
l'autre, celui de Stamboul, leur apparaissait de
loin comme un être de raison, une sorte de pape
invisible qui n'avait gardé pour lui que le pouvoir spirituel, et dans l'hégire où nous sommes on
sait ce que vaut ce pouvoir-là.

Mais l'*Emberour* avec ses gros canons, ses zouaves, sa flotte en fer !... Dès qu'il eut pensé à lui,

Si-Sliman se crut sauvé. Pour sûr l'empereur allait lui rendre sa croix. C'était l'affaire de huit jours de voyage, et il le croyait si bien qu'il voulut que son goum l'attendît aux portes d'Alger. Le paquebot du lendemain l'emportait vers Paris, plein de recueillement et de sérénité, comme pour un pèlerinage à la Mecque.

Pauvre Si-Sliman ! il y avait quatre mois qu'il était parti, et les lettres qu'il envoyait à ses femmes ne parlaient pas encore de retour. Depuis quatre mois, le malheureux aga était perdu dans le brouillard parisien, passant sa vie à courir les ministères, berné partout, pris dans le formidable engrenage de l'administration française, renvoyé de bureau en bureau, salissant ses bournous sur les coffres à bois des antichambres, à l'affût d'une audience qui n'arrivait jamais ; puis, le soir, on le voyait, avec sa longue figure triste, ridicule à force de majesté, attendant sa clef dans un bureau d'hôtel garni, et il remontait chez lui, las de courses, de démarches, mais toujours fier, cramponné à l'espoir, s'acharnant comme un décavé à courir après son honneur...

Pendant ce temps-là, ses cavaliers, accroupis à la porte Bab-Azoun, attendaient avec le fatalisme oriental ; les chevaux, au piquet, hennissaient du côté de la mer. Dans la tribu, tout était en suspens.

Les moissons mouraient sur place, faute de bras.
Les femmes, les enfants comptaient les jours, la
tête tournée vers Paris. Et c'était pitié de voir
combien d'espoirs, d'inquiétudes et de ruines
traînaient déjà à ce bout de ruban rouge... Quand
tout cela finirait-il ?

— « Dieu seul le sait », disait le cafetier en soupirant, et par la porte entr'ouverte, sur la plaine
violette et triste, son bras nu nous montrait un
petit croissant de lune blanche qui montait dans le
ciel mouillé...

MON KÉPI

CE matin, je l'ai retrouvé, oublié au fond d'une armoire, tout fané de poussière, frangé aux bords, rouillé aux chiffres, sans couleur et presque sans forme. En le voyant, je n'ai pu m'empêcher de rire...

« Tiens ! mon képi... »

Et tout de suite je me suis rappelé cette journée de fin d'automne, chaude de soleil et d'enthousiasme, où je descendis dans la rue, tout fier de ma nouvelle coiffure, cognant mon fusil dans les vitrines pour rejoindre les bataillons du quartier et faire mon devoir de soldat citoyen. Ah ! celui qui m'aurait dit que je n'allais pas sauver Paris, délivrer la France à moi seul, celui-là se serait certainement exposé à recevoir dans l'estomac tout le fer de ma baïonnette...

On y croyait si bien à cette garde nationale ! Dans les jardins publics, dans les squares, les avenues, aux carrefours, les compagnies se ran-

geaient, se numérotaient, alignant des blouses
parmi les uniformes, des casquettes parmi les
képis ; car la hâte était grande. Nous autres,
chaque matin, nous nous réunissions sur une place
aux arcades basses, aux larges portes, toute pleine
de brouillards et de courants d'air. Après les appels,
ces centaines de noms enfilés dans un chapelet
grotesque, l'exercice commençait. Les coudes au
corps, les dents serrées, les sections partaient au
pas de course, *gauche, droite! gauche, droite!* Et
tous, les grands, les petits, les poseurs, les infirmes,
ceux qui portaient l'uniforme avec des souvenirs
d'Ambigu, les naïfs empêtrés de hautes ceintures
bleues qui leur faisaient des tournures d'enfants
de chœur, nous allions, nous virions tout autour
de notre petite place, avec un entrain, une conviction.

Tout cela eût été bien ridicule, sans cette basse
profonde du canon, cet accompagnement con-
tinuel qui donnait de l'aisance et de l'ampleur
à nos manœuvres, étoffait les commandements
trop grêles, atténuait les gaucheries, les mala-
dresses, et dans ce grand mélodrame de Paris
assiégé tenait l'emploi de ces musiques de scène
dont on se sert au théâtre pour donner du pathé-
tique aux situations.

Le plus beau, c'est quand nous montions au rempart... Je me vois encore, par ces matins brumeux, passant fièrement devant la colonne de Juillet et lui rendant les honneurs militaires. Portez, armes !... Et ces longues rues de Charonne pleines de peuple, ces pavés glissants où l'on avait tant de peine à marquer le pas ; puis, en approchant des bastions nos tambours qui battaient la charge. *Ran ! ran !...* Il me semble que j'y suis... C'était si saisissant, cette frontière de Paris, ces talus verts creusés pour les canons, animés par les tentes déployées, la fumée des bivouacs, et ces silhouettes diminuées qui erraient tout en haut, dépassant l'entassement des sacs du bout des képis et de la pointe des baïonnettes.

Oh ! ma première garde de nuit, cette course à tâtons dans le noir, dans la pluie, la patrouille roulant, se bousculant le long des talus mouillés, s'égrenant en chemin, et me laissant, moi dernier, perché sur la porte Montreuil, à une hauteur formidable. Quel temps de chien cette nuit-là ! Dans le grand silence étendu sur la ville et sur la campagne, on n'entendait que le vent qui courait autour des remparts, courbait les sentinelles, emportait les mots d'ordre et faisait claquer les vitres d'un vieux réverbère en bas sur le chemin de ronde. Le diable

soit du réverbère ! Je croyais chaque fois entendre
traîner le sabre d'un uhlan et je restais là, l'arme
haute, et le qui vive ! aux dents... Tout à coup
la pluie devenait plus froide. Le ciel blanchissait
sur Paris. On voyait monter une tour, une coupole.
Un fiacre roulait au loin, une cloche sonnait. La
ville géante s'éveillait, et dans son premier frisson
matinal secouait un peu de vie autour d'elle. Un
coq chantait de l'autre côté du talus... A mes pieds,
dans le chemin de ronde encore noir, passait un
bruit de pas, un cliquetis de ferraille ; et à mon
« halte-là ! qui vive ? » lancé d'une voix terrible, une
petite voix, timide et grelottante montait vers moi
dans le brouillard :

« Marchande de café ! »

Que voulez-vous ! On en était alors aux premiers
jours du siège, et nous nous imaginions, pauvres
miliciens naïfs, que les Prussiens, passant sous le
feu des forts, allaient arriver jusqu'au pied du
rempart, appliquer leurs échelles et grimper une
belle nuit au milieu des hourras et des lances à
feu agitées dans les ténèbres... Avec ces imagina-
tions-là, vous pensez si on s'en donnait des alertes...
Presque toutes les nuits, c'était des : « Aux armes !
aux armes ! » des réveils en sursaut, des bouscu-
lades à travers les faisceaux renversés, des officiers

effarés qui nous criaient : « Du sang-froid ! du sang-
froid ! » pour essayer de s'en donner à eux-mêmes ;
et puis, le jour venu, on apercevait un malheureux
cheval échappé, gambadant sur les fortifications
et broutant l'herbe du talus, sans se douter qu'à lui
seul il avait figuré un escadron de cuirassiers blancs,
et servi de cible à tout un bastion en armes...

C'est tout cela que mon képi me rappelle ; une
foule d'émotions, d'aventures, de paysages, Nanterre, la Courneuve, le Moulin-Saquet et ce joli
coin de Marne où l'intrépide 96ᵉ a vu le feu pour la
première et la dernière fois. Les batteries prussiennes étaient en face de nous, installées au bord
d'une route derrière un petit bois, comme un de
ces hameaux tranquilles dont on voit la fumée
à travers les branches ; sur la ligne ferrée, à découvert, où nos chefs nous avaient oubliés, les
obus pleuvaient avec des chocs retentissants et
des étincelles sinistres... Ah ! mon pauvre képi,
tu n'étais pas trop crâne ce jour-là, et tu as bien
des fois fait le salut militaire, plus bas même qu'il
ne convenait.

N'importe ! ce sont là de jolis souvenirs, un peu
grotesques, mais avec un petit pompon d'héroïsme ;
et si tu ne m'en rappelais pas d'autres... Malheureusement il y a aussi les nuits de garde dans Paris,

les postes dans les boutiques à louer, le poêle étouffant, les bancs cirés, les factions monotones aux portes des mairies devant la place mouillée de ce gâchis d'hiver qui reflète la ville dans ses ruisseaux, la police des rues, les patrouilles dans les flaques d'eau, les soldats qu'on ramassait ivres, errants, les filles, les voleurs, et ces matins blafards où l'on rentrait avec un masque de poussière et de fatigue, des odeurs de pipe, de pétrole, de vieux varech, collées aux vêtements. Et les longues journées bêtes, les élections d'officiers pleines de discussions, de papotages de compagnie, les punchs d'adieu, les tournées de petits verres, les plans de bataille expliqués sur des tables de café avec des allumettes, les votes, la politique et sa sœur la sainte flâne, cette inaction qu'on ne savait comment remplir, ce temps perdu qui vous enveloppait d'une atmosphère vide où l'on avait envie de s'agiter, de gesticuler. Et les chasses à l'espion, les défiances absurdes, les confiances exagérées, la sortie en masse, la trouée, toutes les folies, tous les délires d'un peuple emprisonné... Voilà ce que je retrouve, affreux képi, en te regardant. Tu les as eues toutes, toi aussi, ces folies-là. Et si le lendemain de Buzenval je ne t'avais pas jeté en haut d'une armoire, si j'avais fait comme tant d'autres qui se sont obstinés à te garder, à t'orner d'immortelles, de galons d'or, à rester des numéros dépareillés de bataillons épars, qui sait sur quelle barricade tu aurais fini par m'entraîner... Ah! décidément, képi de révolte et d'indiscipline, képi de paresse, d'ivresse, de club, de radotages, képi de la guerre civile, tu ne vaux pas même le coin de rebut que je t'avais laissé chez moi.

A la hotte !...

LE TURCO DE LA COMMUNE

C'ÉTAIT un petit timbalier de tirailleurs in-
digènes. Il s'appelait Kadour, venait de la
tribu du Djendel, et faisait partie de cette poignée
de turcos qui s'étaient jetés dans Paris à la suite
de l'armée de Vinoy. De Wissembourg jusqu'à
Champigny, il avait fait toute la campagne, traversant les champs de bataille comme un oiseau
de tempête, avec ses cliquettes de fer et sa *derbouka* (tambour arabe) ; si vif, si remuant, que les
balles ne savaient où le prendre. Mais quand
l'hiver fut venu, ce petit bronze africain rougi au
feu de la mitraille ne put supporter les nuits de
grand'garde, l'immobilité dans la neige ; et un
matin de janvier, on le ramassa au bord de la
Marne, les pieds gelés, tordu par le froid. Il resta
longtemps à l'ambulance. C'est là que je le vis
pour la première fois.

Triste et patient comme un chien malade, le
turco regardait autour de lui avec un grand œil

doux. Quand on lui parlait, il souriait et montrait
ses dents. C'est tout ce qu'il pouvait faire ; car
notre langue lui était inconnue, et à peine s'il
parlait le *sabir*, ce patois algérien composé de provençal, d'italien, d'arabe, fait de mots bariolés
ramassés comme des coquillages tout le long des
mers latines.

Pour se distraire, Kadour n'avait que sa *derbouka*. De temps en temps, quand il s'ennuyait
trop, on la lui apportait sur son lit, et on lui permettait d'en jouer, mais pas trop fort, à cause des
autres malades. Alors sa pauvre figure noire, si
terne, si éteinte dans le jour jaune et ce triste
paysage d'hiver qui montait de la rue, s'animait,
grimaçait, suivait tous les mouvements du rhythme.
Tantôt il battait la charge, et l'éclair de ses dents
blanches passait dans un rire féroce ; ou bien
ses yeux se mouillaient à quelque aubade musul-
mane, sa narine se gonflait, et dans l'odeur fade
de l'ambulance, au milieu des fioles et des compresses, il revoyait les bois de Blidah chargés
d'oranges, et les petites Moresques sortant du
bain, masquées de blanc et parfumées de ver-
veine.

Deux mois se passèrent ainsi. Paris, en ces deux
mois, avait bien fait des choses ; mais Kadour ne

7

s'en doutait pas. Il avait entendu passer sous ses
fenêtres le troupeau las et désarmé qui rentrait,
plus tard les canons promenés, roulés du matin
au soir, puis le tocsin, la canonnade. A tout cela,
il ne comprit rien, sinon qu'on était toujours en
guerre, et qu'il allait pouvoir se battre, puisque
ses jambes étaient guéries. Le voilà parti, son tambour sur le dos, en quête de sa compagnie. Il ne
chercha pas longtemps. Des fédérés qui passaient
l'emmenèrent à la Place. Après un long interrogatoire, comme on n'en pouvait rien tirer que des
bono bezef, macach bono, le général de ce jour-là
finit par lui donner dix francs, un cheval d'omnibus, et l'attacha à son état-major.

Il y avait un peu de tout dans ces états-majors
de la Commune, des souquenilles rouges, des
mantes polonaises, des justaucorps hongrois, des
vareuses de marin, et de l'or, du velours, des
paillons, des chamarrures. Avec sa veste bleue,
brodée de jaune, son turban, sa *derbouka*, le turco
vint compléter la mascarade. Tout joyeux de se
trouver en si belle compagnie, grisé par le soleil, la
canonnade, le train des rues, cette confusion d'armes et d'uniformes, persuadé d'ailleurs que c'était
la guerre contre la Prusse qui continuait avec je ne
sais quoi de plus vivant, de plus libre, ce déserteur

sans le savoir se mêla naïvement à la grande bac-
chanale parisienne, et fut une célébrité du moment.
Partout sur son passage, les fédérés l'acclamaient,
lui faisaient fête. La Commune était si fière de
l'avoir, qu'elle le montrait, l'affichait, le portait
comme une cocarde. Vingt fois par jour la Place
l'envoyait à la Guerre, la Guerre à l'Hôtel de Ville.
Car enfin on leur avait tant dit que leurs marins
étaient de faux marins, leurs artilleurs de faux
artilleurs !... Au moins, celui-là était bien un vrai
turco. Pour s'en convaincre, on n'avait qu'à regarder cette frimousse éveillée de jeune singe, et
toute la sauvagerie de ce petit corps s'agitant sur
son grand cheval, dans les voltiges de la fantasia.

Quelque chose pourtant manquait au bonheur
de Kadour. Il aurait voulu se battre, faire parler
la poudre. Malheureusement, sous la Commune,
c'était comme sous l'Empire, les états-majors
n'allaient pas souvent au feu. En dehors des
courses et des parades, le pauvre turco passait
son temps sur la place Vendôme ou dans les cours
du ministère de la guerre, au milieu de ces camps
désordonnés pleins de barils d'eau-de-vie toujours
en perce, de tonnes de lard défoncées, de ripailles
en plein vent où l'on sentait encore tout l'affame-
ment du siège. Trop bon musulman pour prendre

part à ces orgies, Kadour se tenait à l'écart, sobre
et tranquille, faisait ses ablutions dans un coin,
son kousskous avec une poignée de semoule ;
puis, après un petit air de *derbouka*, il se roulait
dans son burnous et s'endormait sur un perron, à
la flamme des bivouacs.

Un matin du mois de mai, le turco fut réveillé
par une fusillade terrible. Le ministère était en
émoi ; tout le monde courait, s'enfuyait. Machinalement il fit comme les autres, sauta sur son cheval
et suivit l'état-major. Les rues étaient pleines de
clairons affolés, de bataillons en débandade. On
dépavait, on barricadait. Évidemment il se passait
quelque chose d'extraordinaire... A mesure qu'on
approchait du quai, la fusillade était plus distincte,
le tumulte plus grand. Sur le pont de la Concorde,
Kadour perdit l'état-major. Un peu plus loin, on
lui prit son cheval ; c'était pour un képi à huit
galons très pressé d'aller voir ce qui se passait à
l'Hôtel de Ville. Furieux, le turco se mit à courir
du côté de la bataille. Tout en courant, il armait
son chassepot et disait entre ses dents : *Macach
bono, Brissien*... car pour lui c'étaient les Prussiens qui venaient d'entrer. Déjà les balles sifflaient
autour de l'obélisque, dans le feuillage des Tuileries. A la barricade de la rue de Rivoli, des ven-

geurs de Flourens l'appelèrent : « Hé ! turco !
turco !... » Ils n'étaient plus qu'une douzaine, mais
Kadour à lui seul valait toute une armée.

Debout sur la barricade, fier et voyant comme un
drapeau, il se battait avec des bonds, des cris, sous
une grêle de mitraille. A un moment, le rideau de
fumée qui s'élevait de terre s'écarta un peu entre
deux canonnades et lui laissa voir des pantalons
rouges massés dans les Champs-Élysées. Ensuite
tout redevint confus. Il crut s'être trompé, et fit
parler la poudre de plus belle.

Tout à coup la barricade se tut. Le dernier
artilleur venait de s'enfuir en lâchant sa dernière
volée. Le turco, lui, ne bougea pas. Embusqué, prêt
à bondir, il ajusta solidement sa baïonnette et
attendit les casques à pointe... C'est la ligne qui
arriva !... Dans le bruit sourd du pas de charge, les
officiers criaient :

« Rendez-vous !... »

Le turco eut une minute de stupeur, puis
s'élança, le fusil en l'air :

Bono, bono, Francèse !...

Vaguement, dans son idée de sauvage, il se
figurait que c'était là cette armée de délivrance,
Faidherbe ou Chanzy, que les Parisiens attendaient
depuis si longtemps. Aussi comme il était heureux,

comme il leur riait de toutes ses dents blanches !...
En un clin d'œil, la barricade fut envahie. On l'entoure, on le bouscule.

« Fais voir ton fusil. »

Son fusil était encore chaud.

« Fais voir tes mains. »

Ses mains étaient noires de poudre. Et le turco les montrait fièrement, toujours avec son bon rire. Alors on le pousse contre un mur, et ran !...

Il est mort sans y avoir rien compris.

LE CONCERT DE LA HUITIÈME

TOUS les bataillons du Marais et du faubourg Saint-Antoine campaient cette nuit-là dans les baraquements de l'avenue Daumesnil. Depuis trois jours l'armée de Ducrot se battait sur les hauteurs de Champigny ; et nous autres, on nous faisait croire que nous formions la réserve.

Rien de plus triste que ce campement de boulevard extérieur, entouré de cheminées d'usines, de gares fermées, de chantiers déserts, dans ces quartiers mélancoliques qu'éclairaient seulement quelques boutiques de marchands de vins. Rien de plus glacial, de plus sordide que ces longues baraques en planches, alignées sur le sol battu, sec et dur de décembre, avec leurs fenêtres mal jointes, leurs portes toujours ouvertes, et ces quinquets fumeux tout obscurcis de brume, comme des falots en plein vent. Impossible de lire, de dormir, de s'asseoir. Il fallait inventer des jeux de gamins pour se réchauffer, battre la semelle, courir autour des baraques. Cette inaction bête, si près de la bataille, avait quelque chose de honteux et d'énervant, cette nuit-là surtout. Bien que la canonnade eût cessé, on sentait qu'une terrible partie se préparait là-haut, et, de temps en temps, quand les feux électriques des forts atteignaient ce côté de Paris dans leur mouvement circulaire, on voyait des troupes silencieuses, massées au bord des trottoirs, d'autres qui remontaient l'avenue en nappes sombres et semblaient ramper à terre, rapetissées par les hautes colonnes de la place du Trône.

J'étais là tout glacé, perdu dans la nuit de ces grands boulevards. Quelqu'un me dit :

« Venez donc voir à la huitième... Il paraît qu'il y a un concert. »

J'y allai. Chacune de nos compagnies avait sa baraque ; mais celle de la huitième était bien mieux éclairée que les autres et bourrée de monde. Des chandelles piquées au bout des baïonnettes allongeaient de grandes flammes ombrées de fumées noires, qui frappaient en plein sur toutes ces têtes d'ouvriers, vulgaires, abruties par l'ivresse, le froid, la fatigue et ce mauvais sommeil debout qui fane et qui pâlit. Dans un coin la cantinière dormait, la bouche ouverte, pelotonnée sur un banc

devant sa petite table chargée de bouteilles vides
et de verres troubles.

On chantait.

A tour de rôle, messieurs les amateurs montaient
sur une estrade improvisée au fond de la salle, et
se posaient, déclamaient, se drapaient dans leurs
couvertures avec des souvenirs de mélodrames.
Je retrouvai là ces voix ronflantes, roulantes, qui
résonnent au fond des passages, des cités ouvrières
toutes pleines de tapages d'enfants, de cages pendues, d'échoppes bruyantes. Cela est charmant à
entendre, mêlé au bruit des outils, avec l'accompagnement du marteau et de la varlope ; mais là,
sur cette estrade, c'était ridicule et navrant.

Nous eûmes d'abord l'ouvrier penseur, le mécani-
cien à longue barbe, chantant les douleurs du pro-
létaire : *Pauvro prolétairo... o... o...* avec une voix
de gorge, où la sainte Internationale avait mis
toutes ses colères. Puis il en vint un autre, à moitié
endormi, qui nous chanta la fameuse chanson de la
Canaille, mais d'un air si ennuyé, si lent, si dolent,
qu'on aurait dit une berceuse... *C'est la canaille...*
Eh bien !... j'en suis... Et pendant qu'il psalmo-
diait, on entendait les ronflements des dormeurs
obstinés qui cherchaient les coins, se retournaient
contre la lumière en grognant.

Soudain un éclair blanc passa entre les planches
et fit pâlir la flamme rouge des chandelles. En
même temps un coup sourd ébranla la baraque,
et presque aussitôt d'autres coups, plus sourds,
plus lointains, roulèrent là-bas sur les coteaux
de Champigny, en saccades diminuées. C'était la
bataille qui recommençait.

Mais MM. les amateurs se moquaient bien de la
bataille !

Cette estrade, ces quatre chandelles avaient
remué dans tout ce peuple je ne sais quels instincts
de cabotinage. Il fallait les voir guetter le dernier
couplet, s'arracher les romances de la bouche.
Personne ne sentait plus le froid. Ceux qui étaient
sur l'estrade, ceux qui en descendaient, et aussi
ceux qui attendaient leur tour, la romance au
bord du gosier, tous étaient rouges, suants, l'œil
allumé. La vanité leur tenait chaud.

Il y avait là des célébrités de quartier, un tapis-
sier poète qui demanda à dire une chansonnette
de sa composition, l'*Égoïste,* avec le refrain : *Chacun pour soi.* Et comme il avait un défaut de langue, il disait : l'*égoïfte* et *facun pour foi*. C'était
une satire contre les bourgeois ventrus qui aiment
mieux rester au coin de leur feu que d'aller aux
avant-postes ; et je verrai toujours cette bonne

tête de fabuliste, son képi sur l'oreille et sa jugulaire au menton, soulignant tous les mots de sa chansonnette, et nous décochant son refrain d'un air malicieux :

Facun pour foi... facun pour foi.

Pendant ce temps, le canon chantait, lui aussi, mêlant sa basse profonde aux roulades des mitrailleuses. Il disait les blessés mourant de froid dans la neige, l'agonie aux revers des routes dans des mares de sang gelé, l'obus aveugle, la mort noire arrivant de tous côtés à travers la nuit...

Et le concert de la huitième allait toujours son train !

Maintenant nous en étions aux gaudrioles. Un vieux rigolo, l'œil éraillé et le nez rouge, se trémoussait sur l'estrade, dans un délire de trépignements, de bis, de bravos. Le gros rire des obscénités dites entre hommes épanouissait toutes les figures. Du coup, la cantinière s'était réveillée, et serrée dans la foule, dévorée par tous ces yeux, se tordait de rire elle aussi, pendant que le vieux entonnait de sa voix de rogomme : *Le bon Dieu, saoûl comme un...*

Je n'y tenais plus ; je sortis. Mon tour de faction allait venir ; mais tant pis ! il me fallait de l'espace

et de l'air, et je marchai devant moi, longtemps,
jusqu'à la Seine. L'eau était noire, le quai désert.
Paris sombre, privé de gaz, s'endormait dans un
cercle de feu ; les éclairs des canons clignotaient
tout autour, et des rougeurs d'incendie s'allu-
maient de place en place sur les hauteurs. Tout
près de moi, j'entendais des voix basses, pressées,
distinctes dans l'air froid. On haletait, on s'en-
courageait...

« Oh ! hisse !... »

Puis les voix s'arrêtaient tout à coup, comme
dans l'ardeur d'un grand travail qui absorbe
toutes les forces de l'être. En m'approchant du
bord, je finis par distinguer dans cette vague
lueur qui monte de l'eau la plus noire une canonnière arrêtée au pont de Bercy et s'efforçant de
remonter le courant. Des lanternes secouées au
mouvement de l'eau, le grincement des câbles que
halaient les marins, marquaient bien les ressauts,
les reculs, toutes les péripéties de cette lutte contre
la mauvaise volonté de la rivière et de la nuit...
Brave petite canonnière, comme tous ces retards
l'impatientaient !... Furieuse, elle battait l'eau de
ses roues, la faisait bouillonner sur place... Enfin
un effort suprême la poussa en avant. Hardi, garçons !... Et quand elle eut passé et qu'elle s'avança

toute droite dans le brouillard, vers la bataille qui l'appelait, un grand cri de : « Vive la France ! » retentit sous l'écho du pont.

Ah ! que le concert de la huitième était loin !

LA BATAILLE DU PÈRE-LACHAISE

LE gardien se mit à rire :
« Une bataille ici ? ... mais il n'y a jamais
eu de bataille. C'est une invention des journaux...
Voici tout simplement ce qui s'est passé. Dans la
soirée du 22, qui était donc un dimanche, nous
avons vu arriver une trentaine d'artilleurs fédérés
avec une batterie de pièces de sept et une mitrailleuse nouveau système. Ils ont pris position tout
en haut du cimetière ; et comme justement j'ai
cette section-là sous ma surveillance, c'est moi qui
les ai reçus. Leur mitrailleuse était à ce coin d'allée,
près de ma guérite ; leurs canons, un peu plus bas,
sur ce terre-plein. En arrivant, ils m'ont obligé
à leur ouvrir plusieurs chapelles. Je croyais qu'ils
allaient tout casser, tout piller là dedans ; mais leur
chef y mit bon ordre, et, se plaçant au milieu d'eux,
leur fit ce petit discours : « Le premier cochon qui
« touche quelque chose, je lui brûle la gueule...

« Rompez les rangs !... » C'était un vieux tout blanc, médaillé de Crimée et d'Italie, et qui n'avait pas l'air commode. Ses hommes se le tinrent pour dit, et je dois leur rendre cette justice qu'ils n'ont rien pris dans les tombes, pas même le crucifix du duc de Morny, qui vaut à lui seul près de deux mille francs.

« C'était pourtant un ramassis de bien vilain monde, ces artilleurs de la Commune. Des canonniers d'occasion, qui ne songeaient qu'à siffler leurs trois francs cinquante de haute paye... Il fallait voir la vie qu'ils menaient dans ce cimetière ! Ils couchaient à tas dans les caveaux, chez Morny, chez Favronne, ce beau tombeau Favronne où la nourrice de l'empereur est enterrée. Ils mettaient leur vin au frais dans le tombeau Champeaux, où il y a une fontaine ; puis ils faisaient venir des femmes. Et toute la nuit ça buvait, ça godaillait. Ah ! je vous réponds que nos morts en ont entendu de drôles.

« Tout de même, malgré leur maladresse, ces bandits-là faisaient beaucoup de mal à Paris. Leur position était si belle. De temps en temps il leur arrivait un ordre :

« Tirez sur le Louvre... tirez sur le Palais-« Royal. »

« Alors le vieux pointait les pièces, et les obus à pétrole s'en allaient sur la ville à toute volée. Ce qui se passait en bas, personne de nous ne le savait au juste. On entendait la fusillade se rapprocher petit à petit ; mais les fédérés ne s'en inquiétaient pas. Avec les feux croisés de Chaumont, de Montmartre, du Père-Lachaise, il ne leur paraissait pas possible que les Versaillais pussent avancer. Ce qui les dégrisa, c'est le premier obus que la marine nous envoya en arrivant sur la butte Montmartre.

« On s'y attendait si peu !

« Moi-même j'étais au milieu d'eux, appuyé contre Morny, en train de fumer ma pipe. En entendant venir les bombes, je n'eus que le temps de me jeter par terre. D'abord nos canonniers crurent que c'était une erreur de tir, ou quelque collègue en ribotte... Mais va te promener ! Au bout de cinq minutes, voilà Montmartre qui éclaire encore, et un autre pruneau qui nous arrive, aussi d'aplomb que le premier. Pour le coup, mes gaillards plantèrent là leurs canons et leur mitrailleuse, et se sauvèrent à toutes jambes. Le cimetière n'était pas assez large pour eux. Ils criaient :

« Nous sommes trahis... Nous sommes trahis. »

« Le vieux, lui, resté tout seul sous les obus, se

démenait comme un beau diable au milieu de sa batterie, et pleurait de rage de voir que ses canonniers l'avaient laissé.

« Cependant vers le soir il lui en revint quelques-uns, à l'heure de la paye. Tenez ! monsieur, regardez sur ma guérite. Il y a encore les noms de ceux qui sont venus pour toucher ce soir-là. Le vieux les appelait et les inscrivait à mesure :

« *Sidaine, présent ; Choudeyras, présent ; Billot,*
« *Vollon...* »

« Comme vous voyez, ils n'étaient plus que quatre ou cinq ; mais ils avaient des femmes avec eux... Ah ! je ne l'oublierai jamais ce soir de paye. En bas, Paris flambait, l'Hôtel de Ville, l'Arsenal, les greniers d'abondance. Dans le Père-Lachaise, on y voyait comme en plein jour. Les fédérés essayèrent encore de se remettre aux pièces ; mais ils n'étaient pas assez nombreux, et puis Montmartre leur faisait peur. Alors ils entrèrent dans un caveau et se mirent à boire et à chanter avec leurs gueuses.

« Le vieux s'était assis entre ces deux grandes figures de pierre qui sont à la porte du tombeau Favronne, et il regardait Paris brûler avec un air terrible. On aurait dit qu'il se doutait que c'était sa dernière nuit.

« A partir de ce moment, je ne sais plus bien ce qui est arrivé. Je suis rentré chez nous, cette petite baraque que vous voyez là-bas perdue dans les branches. J'étais très fatigué. Je me suis mis sur mon lit, tout habillé, en gardant ma lampe allumée comme dans une nuit d'orage... Tout à coup on frappe à la porte brusquement. Ma femme va ouvrir, toute tremblante. Nous croyions voir encore les fédérés... C'était la marine. Un commandant, des enseignes, un médecin. Ils m'ont dit :

« Levez-vous... faites-nous du café. »

« Je me suis levé, j'ai fait leur café. On entendait dans le cimetière un murmure, un mouvement confus comme si tous les morts s'éveillaient pour le dernier jugement. Les officiers ont bu bien vite, tout debout, puis ils m'ont emmené dehors avec eux.

« C'était plein de soldats, de marins. Alors on m'a placé à la tête d'une escouade, et nous nous sommes mis à fouiller le cimetière, tombeau par tombeau. De temps en temps, les soldats, voyant remuer les feuilles, tiraient un coup de fusil au fond d'une allée, sur un buste, dans un grillage. Par-ci par-là on découvrait quelque malheureux caché dans un coin de chapelle. Son affaire n'était

pas longue... C'est ce qui arriva pour mes artilleurs.
Je les trouvai tous, hommes et femmes, en tas devant ma guérite, avec le vieux médaillé par-dessus.
Ce n'était pas gai à voir dans le petit jour froid du
matin... Brrr... Mais ce qui me saisit le plus, c'est
une longue file de gardes nationaux qu'on amenait
à ce moment-là de la prison de la Roquette, où ils
avaient passé la nuit. Ça montait la grande allée,
lentement, comme un convoi. On n'entendait pas
un mot, pas une plainte. Ces malheureux étaient
si éreintés, si aplatis ! il y en avait qui dormaient
en marchant, et l'idée qu'ils allaient mourir ne les
réveillait pas. On les fit passer dans le fond du
cimetière, et la fusillade commença. Ils étaient
cent quarante-sept. Vous pensez si ça a duré
longtemps... C'est ce qu'on appelle la bataille du
Père-Lachaise... »

Ici le bonhomme, apercevant son brigadier, me
quitta brusquement, et je restai seul à regarder
sur sa guérite ces noms de la dernière paye écrits
à la lueur de Paris incendié. J'évoquais cette nuit
de mai, traversée d'obus, rouge de sang et de
flammes, ce grand cimetière désert éclairé comme
une ville en fête, les canons abandonnés au milieu
du carrefour, tout autour les caveaux ouverts,
l'orgie dans les tombes, et près de là, dans ce fouil-

lis de dômes, de colonnes, d'images de pierre que les soubresauts de la flamme faisaient vivre, le buste au large front, aux grands yeux, de Balzac qui regardait.

LES PETITS PÂTÉS

I

CE matin-là, qui était un dimanche, le pâtissier Sureau de la rue Turenne appela son
mitron, et lui dit :

« Voilà les petits pâtés de M. Bonnicar... va les
porter et reviens vite... Il paraît que les Versaillais
sont entrés dans Paris. »

Le petit, qui n'entendait rien à la politique, mit
les pâtés tout chauds dans sa tourtière, la tourtière dans une serviette blanche et, le tout d'aplomb
sur sa barrette, partit au galop pour l'île Saint-
Louis, où logeait M. Bonnicar. La matinée était
magnifique, un de ces grands soleils de mai qui
emplissent les fruiteries de bottes de lilas et de
cerises en bouquets. Malgré la fusillade lointaine
et les appels des clairons au coin des rues, tout ce
vieux quartier du Marais gardait sa physionomie
paisible. Il y avait du dimanche dans l'air, des
rondes d'enfants au fond des cours, de grandes

filles jouant au volant devant les portes ; et cette petite silhouette blanche, qui trottait au milieu de la chaussée déserte dans un bon parfum de pâte chaude, achevait de donner à ce matin de bataille quelque chose de naïf et d'endimanché. Toute l'animation du quartier semblait s'être répandue dans la rue de Rivoli. On traînait des canons, on travaillait aux barricades ; des groupes à chaque pas, des gardes nationaux qui s'affairaient. Mais le petit pâtissier ne perdit pas la tête. Ces enfants-là sont si habitués à marcher parmi les foules et le brouhaha de la rue ! C'est aux jours de fête et de train, dans l'encombrement des premiers de l'an, des dimanches gras, qu'ils ont le plus à courir ; aussi les révolutions ne les étonnent guère.

Il y avait plaisir vraiment à voir la petite barrette blanche se faufiler au milieu des képis et des baïonnettes, évitant les chocs, balancée gentiment, tantôt très vite, tantôt avec une lenteur forcée où l'on sentait encore la grande envie de courir. Qu'est-ce que cela lui faisait à lui, la bataille ! L'essentiel était d'arriver chez les Bonnicar pour le coup de midi, et d'emporter bien vite le petit pourboire qui l'attendait sur la tablette de l'antichambre.

Tout à coup il se fit dans la foule une poussée terrible ; et des pupilles de la République défilèrent au pas de course, en chantant. C'étaient des gamins de douze à quinze ans, affublés de chassepots, de ceintures rouges, de grandes bottes, aussi fiers d'être déguisés en soldats que quand ils courent, les mardis gras, avec des bonnets en papier et un lambeau d'ombrelle rose grotesque dans la boue du boulevard. Cette fois, au milieu de la bousculade, le petit pâtissier eut beaucoup de peine à garder son équilibre ; mais sa tourtière et lui avaient fait tant de glissades sur la glace, tant de parties de marelle en plein trottoir, que les petits pâtés en furent quittes pour la peur. Malheureusement cet entrain, ces chants, ces ceintures rouges, l'admiration, la curiosité, donnèrent au mitron l'envie de faire un bout de route en si belle compagnie ; et dépassant sans s'en apercevoir l'Hôtel de Ville et les ponts de l'île Saint-Louis, il se trouva emporté je ne sais où, dans la poussière et le vent de cette course folle.

II

Depuis au moins vingt-cinq ans, c'était l'usage chez les Bonnicar de manger des petits pâtés le

dimanche. A midi très précis, quand toute la
famille — petits et grands — était réunie dans le
salon, un coup de sonnette vif et gai faisait dire
à tout le monde :

« Ah !... voilà le pâtissier. »

Alors avec un grand remuement de chaises, un
froufrou d'endimanchement, une expansion d'enfants rieurs devant la table mise, tous ces bourgeois heureux s'installaient autour des petits
pâtés symétriquement empilés sur le réchaud
d'argent.

Ce jour-là la sonnette resta muette. Scandalisé,
M. Bonnicar regardait sa pendule, une vieille pendule surmontée d'un héron empaillé, et qui n'avait
jamais de la vie avancé ni retardé. Les enfants
bâillaient aux vitres, guettant le coin de rue où
le mitron tournait d'ordinaire. Les conversations
languissaient ; et la faim, que midi creuse de ses
douze coups répétés, faisait paraître la salle à
manger bien grande, bien triste, malgré l'antique
argenterie luisante sur la nappe damassée, et les
serviettes pliées tout autour en petits cornets
raides et blancs.

Plusieurs fois déjà la vieille bonne était venue
parler à l'oreille de son maître... rôti brûlé...
petits pois trop cuits... Mais M. Bonnicar s'entêtait

à ne pas se mettre à table sans les petits pâtés ;
et, furieux contre Sureau, il résolut d'aller voir
lui-même ce que signifiait un retard aussi inouï.
Comme il sortait, en brandissant sa canne, très
en colère, des voisins l'avertirent :

« Prenez garde, M. Bonnicar... on dit que les
Versaillais sont entrés dans Paris. »

Il ne voulut rien entendre, pas même la fusillade
qui s'en venait de Neuilly à fleur d'eau, pas même
le canon d'alarme de l'Hôtel de Ville secouant
toutes les vitres du quartier.

« Oh ! ce Sureau... ce Sureau !... »

Et dans l'animation de la course il parlait seul,
se voyait déjà là-bas au milieu de la boutique,
frappant les dalles avec sa canne, faisant trembler
les glaces de la vitrine et les assiettes de babas.
La barricade du pont Louis-Philippe coupa sa
colère en deux. Il y avait là quelques fédérés à mine
féroce, vautrés au soleil sur le sol dépavé.

« Où allez-vous, citoyen ? »

Le citoyen s'expliqua ; mais l'histoire des petits
pâtés parut suspecte, d'autant que M. Bonnicar
avait sa belle redingote des dimanches, des lunettes
d'or, toute la tournure d'un vieux réactionnaire.

« C'est un mouchard, dirent les fédérés, il faut
l'envoyer à Rigault. »

Sur quoi, quatre hommes de bonne volonté, qui n'étaient pas fâchés de quitter la barricade, poussèrent devant eux à coups de crosse le pauvre homme exaspéré.

Je ne sais pas comment ils firent leur compte, mais une demi-heure après, ils étaient tous raflés par la ligne et s'en allaient rejoindre une longue colonne de prisonniers prête à se mettre en marche pour Versailles. M. Bonnicar protestait de plus en plus, levait sa canne, racontait son histoire pour la centième fois. Par malheur cette invention de petits pâtés paraissait si absurde, si incroyable au milieu de ce grand bouleversement, que les officiers ne faisaient qu'en rire.

« C'est bon, c'est bon, mon vieux... Vous vous expliquerez à Versailles. »

Et par les Champs-Élysées, encore tout blancs de la fumée des coups de feu, la colonne s'ébranla entre deux files de chasseurs.

III

Les prisonniers marchaient cinq par cinq, en rangs pressés et compacts. Pour empêcher le convoi de s'éparpiller, on les obligeait à se donner le bras ; et le long troupeau humain faisait en

piétinant dans la poussière de la route comme le
bruit d'une grande pluie d'orage.

Le malheureux Bonnicar croyait rêver. Suant,
soufflant, ahuri de peur et de fatigue, il se traînait
à la queue de la colonne entre deux vieilles sor-
cières qui sentaient le pétrole et l'eau-de-vie ; et
d'entendre ces mots de : « Pâtissier, petits pâtés »
qui revenaient toujours dans ses imprécations, on
pensait autour de lui qu'il était devenu fou.

Le fait est que le pauvre homme n'avait plus sa
tête. Aux montées, aux descentes, quand les rangs
du convoi se desserraient un peu, est-ce qu'il ne
se figurait pas voir, là-bas, dans la poussière qui
remplissait les vides, la veste blanche et la barrette
du petit garçon de chez Sureau ? Et cela dix fois
dans la route ! Ce petit éclair blanc passait devant
ses yeux comme pour le narguer, puis disparaissait
au milieu de cette houle d'uniformes, de blouses,
de haillons.

Enfin, au jour tombant, on arriva dans Versailles ; et quand la foule vit ce vieux bourgeois
à lunettes, débraillé, poussiéreux, hagard, tout le
monde fut d'accord pour lui trouver une tête de
scélérat. On disait :

« C'est Félix Pyat... Non ! c'est Delescluze. »

Les chasseurs de l'escorte eurent beaucoup de

peine à l'amener sain et sauf jusqu'à la cour de
l'Orangerie. Là seulement le pauvre troupeau put
se disperser, s'allonger sur le sol, reprendre haleine.
Il y en avait qui dormaient, d'autres qui juraient,
d'autres qui toussaient, d'autres qui pleuraient ;
Bonnicar lui, ne dormait pas, ne pleurait pas. Assis
au bord d'un perron, la tête dans ses mains, aux
trois quarts mort de faim, de honte, de fatigue, il
revoyait en esprit cette malheureuse journée, son
départ de là-bas, ses convives inquiets, ce couvert
mis jusqu'au soir et qui devait l'attendre encore,
puis l'humiliation, les injures, les coups de crosse,
tout cela pour un pâtissier inexact.

« Monsieur Bonnicar, voilà vos petits pâtés !... »
dit tout à coup une voix près de lui ; et le bonhomme en levant la tête fut bien étonné de voir le
petit garçon de chez Sureau, qui s'était fait pincer
avec les pupilles de la République, découvrir et
lui présenter la tourtière cachée sous son tablier
blanc. C'est ainsi que, malgré l'émeute et l'em-
prisonnement, ce dimanche-là comme les autres,
M. Bonnicar mangea des petits pâtés.

MONOLOGUE A BORD

DEPUIS deux heures, tous les feux sont éteints, tous les sabords fermés. Dans la batterie basse, qui nous sert de dortoir, il fait noir et lourd, on étouffe. J'entends les camarades qui se retournent dans leurs hamacs, rêvent tout haut, gémissent en dormant. Ces journées sans travail, où la tête seule marche et se fatigue, vous font un mauvais sommeil, plein de fièvres et de soubresauts. Mais même ce sommeil-là, moi je suis long à le trouver. Je ne peux pas dormir ; je pense trop.

En haut, sur le pont, il pleut. Le vent souffle. De temps en temps, quand le quart change, il y a une cloche qui sonne dans le brouillard, tout au bout du navire. Chaque fois que je l'entends, ça me rappelle mon Paris et le coup de six heures dans les fabriques ; — il n'en manque pas des fabriques autour de chez nous ! Je vois tout notre petit logement, les enfants qui reviennent de l'école, la mère au fond de l'atelier en train de finir quelque chose contre la croisée, et s'efforçant de retenir ce brin de jour qui baisse, jusqu'à la fin de son aiguillée.

Ah! misère, qu'est-ce que tout ça va devenir, maintenant?

J'aurais peut-être mieux fait de les emmener avec moi, puisqu'on me le permettait. Mais qu'est-ce que vous voulez! C'est si loin. J'avais peur du voyage, du climat pour les enfants. Puis il aurait fallu vendre notre fonds de passementerie, ce petit avoir si péniblement gagné, monté pièce à pièce en dix ans. Et mes garçons, qui n'auraient plus été à l'école! Et la mère, obligée de vivre au milieu d'un tas de traînées!... Ah! ma foi, non. J'aime mieux souffrir tout seul... C'est égal! quand je monte là-haut sur le pont, et que je vois toutes ces familles installées là comme chez elles, les mères cousant des chiffons, les enfants dans leurs jupes, ça me donne toujours envie de pleurer.

Le vent grandit, les vagues s'enflent. La frégate file, penchée sur le côté. On entend crier ses mâts, craquer ses voiles. Nous devons aller très vite. Tant mieux, on sera plus vite arrivé... Cette île des Pins, qui m'effrayait tant au moment du procès, à présent elle me fait envie. C'est un but, un repos. Et je suis si las! Il y a des moments où tout ce que

j'ai vu depuis vingt mois me tourne devant les yeux,
à me donner le vertige. C'est le siège des Prussiens,
les remparts, l'exercice ; ensuite les clubs, les en-
terrements civils avec des immortelles à la boutonnière, les discours au pied de la Colonne, les fêtes
de la Commune à l'Hôtel de Ville, les revues de
Cluseret, les sorties, la bataille, la gare de Cla-
mart et tous ces petits murs où l'on s'abritait pour
tirer sur les gendarmes ; ensuite Satory, les pontons, les commissaires, les transbordements d'un
navire à l'autre, ces allées et venues qui vous faisaient dix fois prisonniers par les changements de
prisons ; enfin la salle des conseils de guerre, tous
ces officiers en grand costume assis au fond en fer
à cheval, les voitures cellulaires, l'embarquement,
le départ, tout cela confondu dans le tangage et
l'abasourdissement des premiers jours de mer.

Ouf !

J'ai comme un masque de fatigue, de poussière,
de je ne sais pas quoi collé sur la figure. Il me
semble que je ne me suis pas lavé depuis dix ans.

Oh ! oui, ça va me sembler bon de prendre pied
quelque part, de faire halte. Ils disent que là-bas
j'aurai un bout de terrain, des outils, une petite
maison... Une petite maison ! Nous en avions rêvé
une, ma femme et moi, du côté de Saint-Mandé :

basse, avec un petit jardin étalé devant, comme un tiroir ouvert plein de légumes et de fleurs. On serait venu là le dimanche, du matin au soir, prendre de l'air et du soleil pour toute la semaine. Puis les enfants grandis, mis au commerce, on s'y serait retiré bien tranquille. Pauvre bête, va, te voilà retiré maintenant, et tu vas l'avoir ta maison de campagne !

Ah ! malheur, quand je pense que c'est la politique qui est la cause de tout. Je m'en défiais pourtant de cette sacrée politique. J'en avais toujours eu peur. D'abord je n'étais pas riche, et, avec mon fonds à payer, je n'avais pas beaucoup le temps de lire les journaux, ni d'aller entendre les beaux parleurs dans les réunions. Mais le maudit siège est arrivé, la garde nationale, rien à faire qu'à brailler et à boire. Ma foi ! je suis allé aux clubs avec les autres, et tous leurs grands mots ont fini par me griser.

Les droits de l'ouvrier ! le bonheur du peuple !

Quand la Commune est venue, j'ai cru que c'était l'âge d'or des pauvres gens qui arrivait. D'autant qu'on m'avait nommé capitaine, et que tous ces états-majors habillés de frais, ces galons, ces brandebourgs, ces aiguillettes donnaient beaucoup d'ouvrage à la maison. Plus tard, quand j'ai vu comment tout cela marchait, j'aurais bien voulu m'en aller, mais j'avais peur de passer pour un lâche.

Qu'est-ce qu'il y a donc là-haut ? Les porte-voix ronflent. Des grosses bottes courent sur le pont mouillé... Ces matelots, pourtant quelle dure existence ça mène. En voilà que le sifflet du quartier-maître vient de prendre en plein sommeil. Ils montent sur le pont encore tout en-dormis, tout suants. Il faut courir dans le noir, dans le froid. Les planches glissent; les cordages sont gelés et brûlent les mains qui s'y accrochent. Et pendant qu'ils sont pendus là-haut, au bout des vergues, ballottés entre le ciel et l'eau, à rouler de grandes toiles toutes raides, un coup de vent arrive qui les arrache, les emporte, les éparpille en pleine mer comme un vol de mouettes. Ah ! c'est une vie autrement rude que celle de l'ouvrier parisien, et autrement mal payée. Cependant ces gens-là ne se plaignent pas, ne se révoltent pas. Ils vous ont des airs tranquilles, des yeux clairs bien décidés, et tant de respect pour leurs chefs ! On voit bien qu'ils ne sont pas venus souvent dans nos clubs.

Décidément c'est une tempête. La frégate est secouée horriblement. Tout danse, tout craque. Des paquets d'eau s'abattent sur le pont avec un

8

bruit de tonnerre ; puis pendant cinq minutes ce
sont de petites rigoles qui s'écoulent de tous côtés.
Autour de moi, on commence à se secouer. Il y en
a qui ont le mal de mer, d'autres qui ont peur.
Cette immobilité forcée dans le danger, c'est bien
la pire des prisons... Et dire que pendant que nous
sommes là parqués comme un bétail, ballottés
à tâtons dans ce vacarme sinistre qui nous entoure,
tous ces beaux fils de la Commune à écharpes d'or,
à plastrons rouges, tous ces poseurs, tous ces lâches
qui nous poussaient en avant, sont bien tranquilles
dans des cafés, dans des théâtres, à Londres, à
Genève, tout près de France. Quand j'y songe, il
me vient des rages !

Toute la batterie est réveillée. On s'appelle d'un
hamac à l'autre ; et comme on est tous Parisiens,
on commence à blaguer, à ricaner. Moi, je fais
semblant de dormir, pour qu'on me laisse tranquille. Quel horrible supplice de n'être jamais seul,
de vivre à tas ! Il faut se monter à la colère des
autres, dire comme eux, affecter des haines qu'on
n'a pas, sous peine de passer pour un mouchard.
Et toujours la blague, la blague... Quelle mer, bon
Dieu ! On sent que le vent creuse de grands trous
noirs où la frégate plonge et tourbillonne... Allons,
j'ai bien fait de ne pas les emmener. C'est si bon

de penser à cette heure qu'ils sont là-bas bien abrités dans notre petite chambre ! Du fond de la batterie noire, il me semble que je vois le rayon de lampe abaissé sur tous ces fronts, les enfants endormis et la mère penchée qui songe et qui travaille...

LES FÉES DE FRANCE

CONTE FANTASTIQUE

— ACCUSÉE, levez-vous, dit le président.

Un mouvement se fit au banc hideux des pétroleuses, et quelque chose d'informe et de grelottant vint s'appuyer contre la barre. C'était un paquet de haillons, de trous, de pièces, de ficelles, de vieilles fleurs, de vieux panaches, et là-dessous une pauvre figure fanée, tannée, ridée, crevassée, où la malice de deux petits yeux noirs frétillait au milieu des rides comme un lézard à la fente d'un vieux mur.

« Comment vous appelez-vous ? lui demanda-t-on.

— Mélusine.

— Vous dites ?... »

Elle répéta très gravement :

« Mélusine. »

Sous sa forte moustache de colonel de dragons,

le président eut un sourire, mais il continua sans
sourciller :

« Votre âge ?

— Je ne sais plus.

— Votre profession ?

— Je suis fée !... »

Pour le coup l'auditoire, le conseil, le commissaire du gouvernement lui-même, tout le monde
partit d'un grand éclat de rire ; mais cela ne la
troubla point, et de sa petite voix claire et chevro-
tante, qui montait haut dans la salle et planait
comme une voix de rêve, la vieille reprit :

« Ah ! les fées de France, où sont-elles ? Toutes
mortes, mes bons messieurs. Je suis la dernière ;
il ne reste plus que moi... En vérité, c'est grand
dommage, car la France était bien plus belle quand
elle avait encore ses fées. Nous étions la poésie du
pays, sa foi, sa candeur, sa jeunesse. Tous les endroits que nous hantions, les fonds de parc em-
broussaillés, les pierres des fontaines, les tourelles
des vieux châteaux, les brumes d'étangs, les grandes landes marécageuses recevaient de notre présence je ne sais quoi de magique et d'agrandi. A la
clarté fantastique des légendes, on nous voyait
passer un peu partout traînant nos jupes dans un
rayon de lune, ou courant sur les prés à la pointe

des herbes. Les paysans nous aimaient, nous véné-
raient.

« Dans les imaginations naïves, nos fronts
couronnés de perles, nos baguettes, nos quenouilles
enchantées mêlaient un peu de crainte à l'adora-
tion. Aussi nos sources restaient toujours claires
Les charrues s'arrêtaient aux chemins que nous
gardions ; et comme nous donnions le respect de
ce qui est vieux, nous, les plus vieilles du
monde, d'un bout de la France à l'autre on laissait les forêts grandir, les pierres crouler d'elles-
mêmes.

« Mais le siècle a marché. Les chemins de fer sont
venus. On a creusé des tunnels, comblé les étangs,
et fait tant de coupes d'arbres, que bientôt nous
n'avons plus su où nous mettre. Peu à peu les paysans n'ont plus cru à nous. Le soir, quand nous
frappions à ses volets, Robin disait : « C'est le
vent » et se rendormait. Les femmes venaient faire
leurs lessives dans nos étangs. Dès lors ç'a été fini
pour nous. Comme nous ne vivions que de la
croyance populaire, en la perdant, nous avons tout
perdu. La vertu de nos baguettes s'est évanouie,
et de puissantes reines que nous étions, nous nous
sommes trouvées de vieilles femmes, ridées, mé-
chantes comme des fées qu'on oublie ; avec cela

notre pain à gagner et des mains qui ne savaient
rien faire. Pendant quelque temps, on nous a ren-
contrées dans les forêts traînant des charges de
bois mort, ou ramassant des glanes au bord des
routes. Mais les forestiers étaient durs pour nous, les
paysans nous jetaient des pierres. Alors, comme les
pauvres qui ne trouvent plus à gagner leur vie au
pays, nous sommes allées la demander au travail
des grandes villes.

« Il y en a qui sont entrées dans des filatures.
D'autres ont vendu des pommes l'hiver, au coin
des ponts, ou des chapelets à la porte des églises.
Nous poussions devant nous des charrettes d'oranges, nous tendions aux passants des bouquets
d'un sou dont personne ne voulait, et les petits
se moquaient de nos mentons branlants, et les
sergents de ville nous faisaient courir, et les omnibus nous renversaient. Puis la maladie, les privations, un drap d'hospice sur la tête... Et voilà
comme la France a laissé toutes ses fées mourir.
Elle en a été bien punie !

« Oui, oui, riez, mes braves gens. En attendant,
nous venons de voir ce que c'est qu'un pays qui
n'a plus de fées. Nous avons vu tous ces paysans
repus et ricaneurs ouvrir leurs huches aux Prussiens et leur indiquer les routes. Voilà ! Robin ne

croyait plus aux sortilèges ; mais il ne croyait pas davantage à la patrie... Ah ! si nous avions été là, nous autres, de tous ces Allemands qui sont entrés en France pas un ne serait sorti vivant. Nos draks, nos feux follets les auraient conduits dans des fondrières. A toutes ces sources pures qui portaient nos noms, nous aurions mêlé des breuvages enchantés qui les auraient rendus fous ; et dans nos assemblées, au clair de lune, d'un mot magique, nous aurions si bien confondu les routes, les rivières, si bien enchevêtré de ronces, de broussailles, ces dessous de bois où ils allaient toujours se blottir, que les petits yeux de chat de M. de Moltke n'auraient jamais pu s'y reconnaître. Avec nous, les paysans auraient marché. Des grandes fleurs de nos étangs nous aurions fait des baumes pour les blessures, les fils de la Vierge nous auraient servi de charpie ; et sur les champs de bataille, le soldat mourant aurait vu la fée de son canton se pencher sur ses yeux à demi fermés pour lui montrer un coin de bois, un détour de route, quelque chose qui lui rappelle le pays. C'est comme cela qu'on fait la guerre nationale, la guerre sainte. Mais hélas ! dans les pays qui ne croient plus, dans les pays qui n'ont plus de fées, cette guerre-là n'est pas possible. »

Ici la petite voix grêle s'interrompit un moment,
et le président prit la parole :

« Tout ceci ne nous dit pas ce que vous faisiez
du pétrole qu'on a trouvé sur vous quand les soldats vous ont arrêtée.

— Je brûlais Paris, mon bon monsieur, répondit
la vieille très tranquillement. Je brûlais Paris
parce que je le hais, parce qu'il rit de tout, parce
que c'est lui qui nous a tuées. C'est Paris qui a
envoyé des savants pour analyser nos belles sources
miraculeuses, et dire au juste ce qu'il entrait de fer
et de soufre dedans. Paris s'est moqué de nous sur
ses théâtres. Nos enchantements sont devenus
des trucs, nos miracles des gaudrioles, et l'on a vu
tant de vilains visages passer dans nos robes roses,
nos chars ailés, au milieu de clairs de lune en feu
de Bengale, qu'on ne peut plus penser à nous sans
rire... Il y avait des petits enfants qui nous connaissaient par nos noms, nous aimaient, nous
craignaient un peu ; mais au lieu des beaux livres
tout en or et en images, où ils apprenaient notre
histoire, Paris maintenant leur a mis dans les
mains la science à la portée des enfants, de gros
bouquins d'où l'ennui monte comme une poussière
grise et efface dans les petits yeux nos palais enchantés et nos miroirs magiques... Oh ! oui, j'ai

été contente de le voir flamber, votre Paris... C'est moi qui remplissais les boîtes des pétroleuses, et je les conduisais moi-même aux bons endroits : « Allez, mes filles, brûlez tout, brûlez, brûlez !... »

« — Décidément cette vieille est folle, dit le président. Emmenez-la. »

DEUXIÈME PARTIE

CAPRICES ET SOUVENIRS

UN TENEUR DE LIVRES

« BRR... quel brouillard !... » dit le bonhomme en mettant le pied dans la rue. Vite il retrousse son collet, ferme son cache-nez sur sa bouche, et la tête baissée, les mains dans ses poches de derrière, il part pour le bureau en sifflotant.

Un vrai brouillard, en effet. Dans les rues, ce n'est rien encore ; au cœur des grandes villes le brouillard ne tient pas plus que la neige. Les toits le déchirent, les murs l'absorbent ; il se perd dans les maisons à mesure qu'on les ouvre, fait les escaliers glissants, les rampes humides. Le mouvement des voitures, le va-et-vient des passants, ces passants du matin, si pressés et si pauvres, le hache, l'emporte, le disperse. Il s'accroche aux vêtements de bureau, étriqués et minces, aux waterproofs des fillettes de magasin, aux petits voiles flasques, aux grands cartons de toile cirée. Mais sur les quais encore déserts, sur les ponts, la berge, la rivière, c'est une brume lourde, opaque, immobile,

où le soleil monte, là-haut, derrière Notre-Dame,
avec des lueurs de veilleuse dans un verre dépoli.

Malgré le vent, malgré la brume, l'homme en
question suit les quais, toujours les quais, pour
aller à son bureau. Il pourrait prendre un autre
chemin, mais la rivière paraît avoir un attrait
mystérieux pour lui. C'est son plaisir de s'en aller
le long des parapets, de frôler ces rampes de pierre
usées aux coudes des flâneurs. A cette heure, et
par le temps qu'il fait, les flâneurs sont rares. Pourtant, de loin en loin, on rencontre une femme
chargée de linge qui se repose contre le parapet, ou
quelque pauvre diable accoudé, penché vers l'eau
d'un air d'ennui. Chaque fois l'homme se retourne,
les regarde curieusement et l'eau après eux, comme
si une pensée intime mêlait dans son esprit ces
gens à la rivière.

Elle n'est pas gaie, ce matin, la rivière. Ce
brouillard qui monte entre les vagues semble
l'alourdir. Les toits sombres des rives, tous ces
tuyaux de cheminée inégaux et penchés qui se
reflètent, se croisent et fument au milieu de l'eau,
font penser à je ne sais quelle lugubre usine
qui, du fond de la Seine, enverrait à Paris toute
sa fumée en brouillard. Notre homme, lui, n'a
pas l'air de trouver cela si triste. L'humidité le

pénètre de partout, ses vêtements n'ont pas un
fil de sec ; mais il s'en va tout de même en sifflotant avec un sourire heureux au coin des lèvres.
Il y a si longtemps qu'il est fait aux brumes de la
Seine ! Puis il sait que là-bas, en arrivant, il va
trouver une bonne chancelière bien fourrée, son
poêle qui ronfle en l'attendant, et la petite plaque
chaude où il fait son déjeuner tous les matins. Ce
sont là de ces bonheurs d'employé, de ces joies
de prison que connaissent seulement ces pauvres
êtres rapetissés dont toute la vie tient dans une
encoignure.

— « Il ne faut pas que j'oublie d'acheter des
pommes », se dit-il de temps en temps, et il siffle,
et il se dépêche. Vous n'avez jamais vu quelqu'un
aller à son travail aussi gaiement.

Les quais, toujours les quais, puis un pont.
Maintenant le voilà derrière Notre-Dame. A cette
pointe de l'île, le brouillard est plus intense que
jamais. Il vient de trois côtés à la fois, noie à moitié
les hautes tours, s'amasse à l'angle du pont,
comme s'il voulait cacher quelque chose. L'homme
s'arrête ; c'est là.

On distingue confusément des ombres sinistres,
des gens accroupis sur le trottoir qui ont l'air
d'attendre, et, comme aux grilles des hospices et

des squares, des éventaires étalés, avec des rangées de biscuits, d'oranges, de pommes. Oh ! les belles pommes si fraîches, si rouges sous la buée... Il en remplit ses poches, en souriant à la marchande qui grelotte, les pieds sur sa chaufferette ; ensuite il pousse une porte dans le brouillard, traverse une petite cour où stationne une charrette attelée.

« Est-ce qu'il y a quelque chose pour nous ? » demande-t-il en passant. Un charretier, tout ruisselant, lui répond :

« Oui, monsieur, et même quelque chose de gentil. »

Alors il entre vite dans son bureau.

C'est là qu'il fait chaud, et qu'on est bien. Le poêle ronfle dans un coin. La chancelière est à sa place. Son petit fauteuil l'attend, bien au jour, près de la fenêtre. Le brouillard en rideau sur les vitres fait une lumière unie et douce, et les grands livres à dos vert s'alignent correctement sur leurs casiers. Un vrai cabinet de notaire.

L'homme respire ; il est chez lui.

Avant de se mettre à l'ouvrage, il ouvre une grande armoire, en tire des manches de lustrine qu'il passe soigneusement, un petit plat de terre rouge, des morceaux de sucre qui viennent du café, et il commence à peler ses pommes, en regardant autour de lui avec satisfaction. Le fait est qu'on ne peut pas trouver un bureau plus gai, plus clair, mieux en ordre. Ce qu'il y a de singulier, par exemple, c'est ce bruit d'eau qu'on entend de partout, qui vous entoure, vous enveloppe, comme si on était dans une chambre de bateau. En bas la Seine se heurte en grondant aux arches du pont, déchire son flot d'écume à cette pointe d'île toujours encombrée de planches, de pilotis, d'épaves. Dans la maison même, tout autour du bureau, c'est un ruissellement d'eau jetée à pleines cruches, le fracas d'un grand lavage. Je ne sais pas pourquoi cette eau vous glace rien qu'à l'entendre. On sent qu'elle claque sur un sol dur, qu'elle rebondit sur de larges dalles, des tables de marbre qui la font paraître encore plus froide.

Qu'est-ce qu'ils ont donc tant à laver dans cette étrange maison ? Quelle tache ineffaçable ?

Par moments, quand ce ruissellement s'arrête, là-bas, au fond, ce sont des gouttes qui tombent une à une, comme après un dégel ou une grande pluie. On dirait que le brouillard, amassé sur les toits, sur les murs, se fond à la chaleur du poêle et dégoutte continuellement.

L'homme n'y prend pas garde. Il est tout entier à ses pommes qui commencent à chanter dans le plat rouge avec un petit parfum de caramel, et cette jolie chanson l'empêche d'entendre le bruit d'eau, le sinistre bruit d'eau.

— « Quand vous voudrez, greffier !... » dit une voix enrouée dans la pièce du fond. Il jette un regard sur ses pommes, et s'en va bien à regret. Où va-t-il ? Par la porte entr'ouverte une minute, il vient un air fade et froid qui sent les roseaux, le marécage, et comme une vision de hardes en train de sécher sur des cordes, des blouses fanées, des bourgerons, une robe d'indienne pendue tout de son long par les manches, et qui s'égoutte, qui s'égoutte.

C'est fini. Le voilà qui rentre. Il dépose sur sa table de menus objets tout trempés d'eau, et revient frileusement vers le poêle dégourdir ses mains rouges de froid.

— « Il faut être enragé vraiment, par ce temps-là..., se dit-il en frissonnant ; qu'est-ce qu'elles ont donc toutes ? »

Et comme il est bien réchauffé, et que son sucre commence à faire la perle aux bords du plat, il se met à déjeuner sur un coin de son bureau. Tout en mangeant, il a ouvert un de ses registres, et le feuillette avec complaisance. Il est si bien tenu ce grand livre ! Des lignes droites, des entêtes à l'encre bleue, des petits reflets de poudre d'or, des buvards à chaque page, un soin, un ordre...

Il paraît que les affaires vont bien. Le brave homme a l'air satisfait d'un comptable en face d'un bon inventaire de fin d'année. Pendant qu'il se délecte à tourner les pages de son livre, les portes s'ouvrent dans la salle à côté, les pas d'une foule sonnent sur les dalles ; on parle à demi-voix comme dans une église.

— « Oh ! qu'elle est jeune... Quel dommage !... »
Et l'on se pousse et l'on chuchotte...

Qu'est-ce que cela peut lui faire à lui qu'elle soit jeune ? Tranquillement, en achevant ses pommes, il attire devant lui les objets qu'il a apportés tout à l'heure. Un dé plein de sable, un porte-monnaie avec un sou dedans, de petits ciseaux rouillés, si rouillés qu'on ne pourra plus jamais s'en servir — oh ! plus jamais ; — un livret d'ouvrière dont les pages sont collées entre elles ; une lettre en loques, effacée, où l'on peut lire quelques mots : « *L'enfant... pas d'arg... mois de nourrice...* »

Le teneur de livre hausse les épaules avec l'air de dire :

« Je connais ça... »

Puis il prend sa plume, souffle soigneusement les mies de pain tombées sur son grand livre, fait un geste pour bien poser sa main, et de sa plus belle ronde il écrit le nom qu'il vient de déchiffrer sur le livret mouillé :

Félicie Rameau, brunisseuse, dix-sept ans.

AVEC TROIS CENT MILLE FRANCS

QUE M'A PROMIS GIRARDIN !...

NE vous est-il jamais arrivé de sortir de chez vous, le pied léger et l'âme heureuse, et après deux heures de courses dans Paris, de rentrer tout mal en train, affaissé par une tristesse sans cause, un malaise incompréhensible ? Vous vous dites : « Qu'est-ce que j'ai donc ?... » Mais vous avez beau chercher, vous ne trouvez rien. Toutes vos courses ont été bonnes, le trottoir sec, le soleil chaud ; et pourtant vous vous sentez au cœur une angoisse douloureuse, comme l'impression d'un chagrin ressenti.

C'est qu'en ce grand Paris, où la foule se sent inobservée et libre, on ne peut faire un pas sans se heurter à quelque détresse envahissante qui vous éclabousse et vous laisse sa marque en passant. Je ne parle pas seulement des infortunes qu'on connaît, auxquelles on s'intéresse, de ces chagrins d'ami qui sont un peu les nôtres et dont la ren-

contre subite vous serre le cœur comme un remords ;
ni même de ces chagrins d'indifférents, qu'on n'é-
coute que d'une oreille, et qui vous navrent sans
qu'on s'en doute. Je parle de ces douleurs tout à
fait étrangères, qu'on n'entrevoit qu'au passage,
en une minute, dans l'activité de la course et la
confusion de la rue.

Ce sont des lambeaux de dialogues saccadés au
train des voitures, des préoccupations sourdes et
aveugles qui parlent toutes seules et très haut,
des épaules lasses, des gestes fous, des yeux de
fièvre, des visages blêmes gonflés de larmes, des
deuils récents mal essuyés aux voiles noirs. Puis
des détails furtifs, et si légers ! Un collet d'habit
brossé, usé, qui cherche l'ombre, une serinette
sans voix tournant à vide sous un porche, un ruban
de velours au cou d'une bossue, cruellement noué
bien droit entre les épaules contrefaites... Toutes
ces visions de malheurs inconnus passent vite, et
vous les oubliez en marchant, mais vous avez senti
le frôlement de leur tristesse, vos vêtements se sont
imprégnés de l'ennui qu'ils traînaient après eux,
et à la fin de la journée vous sentez remuer tout ce
qu'il y a en vous d'ému, de douloureux, parce que
sans vous en apercevoir vous avez accroché au
coin d'une rue, au seuil d'une porte, ce fil invisible

qui lie toutes les infortunes et les agite à la même secousse.

Je pensais à cela l'autre matin — car c'est surtout le matin que Paris montre ses misères — en voyant marcher devant moi un pauvre diable étriqué dans un paletot trop mince qui faisait paraître ses enjambées plus longues, et exagérait férocement tous ses gestes. Courbé en deux, tourmenté comme un arbre en plein vent, cet homme s'en allait très vite. De temps en temps, sa main plongeait dans une de ses poches de derrière, et y cassait un petit pain qu'il dévorait furtivement, comme honteux de manger dans la rue.

Les maçons me donnent appétit, quand je les vois, assis sur les trottoirs, mordre au beau mitan de leur miche fraîche. Les petits employés aussi me font envie, lorsqu'ils reviennent en courant de la boulangerie au bureau, la plume à l'oreille, la bouche pleine, tout réjouis de ce repas au grand air. Mais ici on sentait la honte de la vraie faim, et c'était pitié de voir ce malheureux n'osant manger que par miettes le pain qu'il broyait au fond de sa poche.

Je le suivais depuis un moment quand tout à coup, comme il arrive souvent dans ces existences déroutées, il changea brusquement de direction et d'idée, et en se retournant se trouva face à face avec moi.

— « Tiens ! vous voilà... » Par hasard, je le connaissais un peu. C'était un de ces brasseurs d'affaires comme il en pousse tant entre les pavés de Paris, homme à inventions, fondateur de journaux impossibles, autour duquel il s'était fait pendant un certain temps beaucoup de réclames et de bruit imprimé, et qui depuis trois mois avait disparu dans un formidable plongeon. Après un bouillonnement de quelques jours à l'endroit de sa chute, le flot s'était uni, refermé, et il n'avait plus été question de lui. En me voyant, il se troubla, et pour couper court à toute question, sans doute aussi pour détourner mon regard de sa tenue sordide et de son sou de pain, il se mit à me parler très vite, d'un ton faussement joyeux... Ses affaires allaient bien, très bien... Ça n'avait été qu'un temps d'arrêt. En ce moment, il tenait une affaire magnifique... Un grand journal industriel à images... Beaucoup d'argent, un traité d'annonces superbe !... Et sa figure s'animait en parlant. Sa taille se redressait. Peu à peu il prit un ton protecteur, comme s'il était déjà dans son bureau de rédaction, me demanda même des articles :

« Et vous savez, ajouta-t-il, d'un air de triomphe,

c'est une affaire sûre... je commence avec trois cent
mille francs que m'a promis Girardin ! »

Girardin !

C'est bien le nom qui vient toujours à la bouche
de ces visionnaires. Quand on le prononce devant
moi, ce nom, il me semble voir des quartiers neufs,
de grandes bâtisses inachevées, des journaux tout
frais imprimés, avec des listes d'actionnaires et
d'administrateurs. Que de fois j'ai entendu dire,
à propos de projets insensés : « Il faudra parler de
ça à Girardin !... »

Et lui aussi, le pauvre diable, cette idée lui était
venue de parler de ça à Girardin. Toute la nuit, il
avait dû préparer son plan, aligner des chiffres ;
puis il était sorti, et en marchant, en s'agitant,
l'affaire était devenue si belle, qu'au moment de
notre rencontre il lui paraissait impossible que
Girardin lui refusât ses trois cent mille francs. En
disant qu'on les lui avait promis, le malheureux
ne mentait pas, il ne faisait que continuer son rêve.

Pendant qu'il me parlait, nous étions bousculés,
poussés contre le mur. C'était sur le trottoir
d'une de ces rues si agitées qui vont de la Bourse
à la Banque, pleines de gens pressés, distraits, tout
à leurs affaires, boutiquiers anxieux courant retirer
leurs billets, petits boursiers à figures basses qui

se jettent des chiffres à l'oreille en passant. Et
d'entendre tous ces beaux projets au milieu de
cette foule, dans ce quartier de spéculateurs où l'on
sent comme la hâte et la fièvre des jeux de hasard,
cela me donnait le frisson d'une histoire de naufrage racontée en pleine mer. Je voyais réellement
tout ce que cet homme me disait, ses catastrophes
sur d'autres visages, et ses espoirs rayonnants dans
d'autres yeux égarés. Il me quitta brusquement,
comme il m'avait abordé, jeté à corps perdu dans
ce tourbillon de folies, de rêves, de mensonges, ce
que ces gens-là appellent d'un ton sérieux « les
affaires ».

Au bout de cinq minutes, je l'avais oublié, mais
le soir, rentré chez moi, quand je secouai avec la
poussière des rues toutes les tristesses de la journée, je revis cette figure tourmentée et pâle, le
petit pain d'un sou, et le geste qui soulignait ces
paroles fastueuses : « Avec trois cent mille francs
que m'a promis Girardin !... »

ARTHUR

IL Y A quelques années, j'habitais un petit pavillon aux Champs-Élysées, dans le passage des Douze-Maisons. Figurez-vous un coin de faubourg perdu, niché au milieu de ces grandes avenues aristocratiques, si froides, si tranquilles, qu'il semble qu'on n'y passe qu'en voiture. Je ne sais quel caprice de propriétaire, quelle manie d'avare ou de vieux laissait traîner ainsi au cœur de ce beau quartier ces terrains vagues, ces petits jardins moisis, ces maisons basses, bâties de travers, avec l'escalier en dehors et des terrasses de bois pleines de linge étendu, de cages à lapins, de chats maigres, de corbeaux apprivoisés. Il y avait là des ménages d'ouvriers, de petits rentiers, quelques artistes, — on en trouve partout où il reste des arbres, — et enfin deux ou trois garnis d'aspect sordide, comme encrassés par des générations de misères. Tout autour, la splendeur et le bruit des Champs-

Élysées, un roulement continu, un cliquetis de
harnais et de pas fringants, les portes cochères
lourdement refermées, les calèches ébranlant les
porches, des pianos étouffés, les violons de Mabille,
un horizon de grands hôtels muets, aux angles
arrondis, avec leurs vitres nuancées par des rideaux
de soie claire et leurs hautes glaces sans tain, où
montent les dorures des candélabres et les fleurs
rares des jardinières...

Cette ruelle noire des Douze-Maisons, éclairée
seulement d'un réverbère au bout, était comme
la coulisse du beau décor environnant. Tout ce
qu'il y avait de paillons dans ce luxe venait se réfu-
gier là, galons de livrées, maillots de clowns, toute
une bohème de palefreniers anglais, d'écuyers du
Cirque, les deux petits postillons de l'Hippodrome
avec leurs poneys jumeaux et leurs affiches-
réclames, la voiture aux chèvres, les guignols, les
marchandes d'oublies, et puis des tribus d'aveugles
qui revenaient le soir, chargés de pliants, d'accordéons, de sébiles. Un de ces aveugles se maria
pendant que j'habitais le passage. Cela nous valut
toute la nuit un concert fantastique de clarinettes,
de hautbois, d'orgues, d'accordéons, où l'on voyait
très bien défiler tous les ponts de Paris avec leurs
psalmodies différentes... A l'ordinaire cependant,

le passage était assez tranquille. Ces errants de la rue ne rentraient qu'à la brune, et si las ! Il n'y avait de tapage que le samedi, lorsque Arthur touchait sa paye.

C'était mon voisin, cet Arthur. Un petit mur allongé d'un treillage séparait seul mon pavillon du garni qu'il habitait avec sa femme. Aussi, bien malgré moi, sa vie se trouvait-elle mêlée à la mienne ; et tous les samedis j'entendais, sans en rien perdre, l'horrible drame si parisien qui se jouait dans ce ménage d'ouvriers. Cela commençait toujours de la même façon. La femme préparait le dîner ; les enfants tournaient autour d'elle. Elle leur parlait doucement, s'affairait. Sept heures, huit heures : personne... A mesure que le temps se passait, sa voix changeait, roulait des larmes, devenait nerveuse. Les enfants avaient faim, sommeil, commençaient à grogner. L'homme n'arrivait toujours pas. On mangeait sans lui. Puis, la marmaille couchée, le poulailler endormi, elle venait sur le balcon de bois, et je l'entendais dire tout bas en sanglotant :

« Oh ! la canaille ! la canaille ! »

Des voisins qui rentraient la trouvaient là. On la plaignait.

« Allez donc vous coucher, madame Arthur.

Vous savez bien qu'il ne rentrera pas, puisque c'est le jour de paye. »

Et des conseils, des commérages.

« A votre place, voilà comme je ferais... Pourquoi ne le dites-vous pas à son patron ? »

Tout cet apitoiement la faisait pleurer davantage ; mais elle persistait dans son espoir, dans son attente, s'y énervait, et les portes fermées, le passage muet, se croyant bien seule, restait accoudée là, ramassée toute dans une idée fixe, se racontant à elle-même et très haut ses tristesses avec ce laisser-aller du peuple qui a toujours une moitié de sa vie dans la rue. C'étaient des loyers en retard, les fournisseurs qui la tourmentaient, le boulanger qui refusait le pain... Comment ferait-elle, s'il rentrait encore sans argent ? A la fin, la lassitude la prenait de guetter les pas attardés, de compter les heures. Elle rentrait ; mais longtemps après, quand je croyais tout fini, on toussait près de moi sur la galerie. Elle était encore là, la malheureuse, ramenée par l'inquiétude, se tuant les yeux à regarder dans cette ruelle noire, et n'y voyant que sa détresse.

Vers une heure, deux heures, quelquefois plus tard, on chantait au bout du passage. C'était Arthur qui rentrait. Le plus souvent, il se faisait

accompagner, traînait un camarade jusqu'à sa
porte : « Viens donc... viens donc... » et même là,
il flânait encore, ne pouvait se décider à rentrer,
sachant bien ce qui l'attendait chez lui... En
montant l'escalier, le silence de la maison endormie
qui lui renvoyait son pas lourd le gênait comme
un remords. Il parlait seul, tout haut, s'arrêtant
devant chaque taudis : « Bonsoir, ma'me Weber...
bonsoir, ma'me Mathieu. » Et si on ne lui répondait
pas, c'était une bordée d'injures, jusqu'au moment
où toutes les portes, toutes les fenêtres s'ouvraient
pour lui renvoyer ses malédictions. C'est ce qu'il
demandait. Son vin aimait le train, les querelles.
Et puis, comme cela, il s'échauffait, arrivait en
colère, et sa rentrée lui faisait moins peur.

Elle était terrible, cette rentrée...

« Ouvre, c'est moi... »

J'entendais les pieds nus de la femme sur le
carreau, le frottement des allumettes, et l'homme
qui, dès en entrant, essayait de bégayer une histoire, toujours la même : les camarades, l'entraînement... Chose, tu sais bien... Chose qui travaille
au chemin de fer. La femme ne l'écoutait pas :

« Et l'argent ?

— J'en ai plus, disait la voix d'Arthur.

— Tu mens !... »

Il mentait en effet. Même dans l'entraînement
du vin, il réservait toujours quelques sous, pensant d'avance à sa soif du lundi ; et c'est ce restant
de paye qu'elle essayait de lui arracher. Arthur
se débattait :

« Puisque je te dis que j'ai tout bu ! » criait-il.
Sans répondre, elle s'accrochait à lui de toute son
indignation, de tous ses nerfs, le secouait, le fouil-
lait, retournait ses poches. Au bout d'un moment,
j'entendais l'argent qui roulait par terre, la femme
se jetant dessus avec un rire de triomphe.

« Ah ! tu vois bien. »

Puis un juron, des coups sourds..., c'est l'ivrogne
qui se vengeait. Une fois en train de battre, il ne
s'arrêtait plus. Tout ce qu'il y a de mauvais, de
destructeur dans ces affreux vins de barrière lui
montait au cerveau et voulait sortir. La femme
hurlait, les derniers meubles du bouge volaient en
éclats, les enfants réveillés en sursaut pleuraient
de peur. Dans le passage, les fenêtres s'ouvraient.
On disait :

« C'est Arthur ! c'est Arthur !... »

Quelquefois aussi le beau-père, un vieux chiffon-
nier qui logeait dans le garni voisin, venait au
secours de sa fille ; mais Arthur s'enfermait à clef
pour ne pas être dérangé dans son opération.

Alors, à travers la serrure, un dialogue effrayant s'engageait entre le beau-père et le gendre, et nous en apprenions de belles :

« T'en as donc pas assez de tes deux ans de prison, bandit ? » criait le vieux. Et l'ivrogne, d'un ton superbe :

« Eh bien oui, j'ai fait deux ans de prison... Et puis après ?... Au moins, moi, j'ai payé ma dette à la société... Tâche donc de payer la tienne !... »

Cela lui paraissait tout simple : j'ai volé, vous m'avez mis en prison. Nous sommes quittes... Mais tout de même, si le vieux insistait trop là-dessus, Arthur impatienté ouvrait sa porte, tombait sur le beau-père, la belle-mère, les voisins, et battait tout le monde, comme Polichinelle.

Ce n'était pourtant pas un méchant homme. Bien souvent le dimanche, au lendemain d'une de ces tueries, l'ivrogne apaisé, sans le sou pour aller boire, passait la journée chez lui. On sortait les chaises des chambres. On s'installait sur le balcon, ma'me Weber, ma'me Mathieu, tout le garni, et l'on causait. Arthur faisait l'aimable, le bel esprit ; vous auriez dit un de ces ouvriers modèles qui suivent les cours du soir. Il prenait pour parler une voix blanche, doucereuse, déclamait des bouts d'idées ramassées un peu partout, sur les droits

de l'ouvrier, la tyrannie du capital. Sa pauvre
femme, attendrie par les coups de la veille, le regardait avec admiration, et ce n'était pas la seule.

— « Cet Arthur pourtant, s'il voulait ! » mur-
murait ma'me Weber en soupirant. Ensuite ces
dames le faisaient chanter... Il chantait *les Hirondelles*, de M. de *Bélanger*... Oh ! cette voix de gorge,
pleine de fausses larmes, le sentimentalisme bête
de l'ouvrier !... Sous la vérandah moisie, en papier goudronné, les guenilles étendues laissaient
passer un coin du ciel bleu entre les cordes, et
toute cette crapule, affamée d'idéal à sa manière,
tournait là-haut ses yeux mouillés.

Tout cela n'empêchait pas que, le samedi suivant, Arthur mangeait sa paye, battait sa femme ;
et qu'il y avait là, dans ce bouge, un tas d'autres
petits Arthur, n'attendant que d'avoir l'âge de
leur père pour manger leur paye, battre leurs
femmes... Et c'est cette race-là qui voudrait
gouverner le monde !... Ah ! maladie ! comme
disaient mes voisins du passage.

LES TROIS SOMMATIONS

AUSSI vrai que je m'appelle Bélisaire et que j'ai mon rabot dans la main en ce moment, si le père Thiers s'imagine que la bonne leçon qu'il vient de nous donner aura servi à quelque chose, c'est qu'il ne connaît pas le peuple de Paris. Voyez-vous, monsieur, ils auront beau nous fusiller en grand, nous déporter, nous exporter, mettre Cayenne au bout de Satory, bourrer les pontons comme des barils à sardines, le Parisien aime l'émeute, et rien ne pourra lui enlever ce goût-là ! On a ça dans le sang. Qu'est-ce que vous voulez ? Ce n'est pas tant la politique, qui nous amuse, c'est le train qu'elle fait : les ateliers fermés, les rassemblements, la flâne, et puis encore quelque chose en plus que je ne saurais vous dire.

Pour bien comprendre cela, il faut être né, comme moi, rue de l'Orillon, dans un atelier de menuisier, et depuis huit ans jusqu'à quinze qu'on m'a mis en apprentissage, avoir roulé le faubourg avec

une voiture à bras pleine de copeaux. Ah ! dame !
je peux dire que je m'en suis payé des révolutions,
dans ce temps-là. Tout petit, pas plus haut qu'une
botte, dès qu'il y avait du bruit dans Paris, vous
étiez sûr de m'y voir par un bout. Presque toujours
je savais ça d'avance. Quand je voyais les ouvriers
s'en aller bras dessus, bras dessous, dans le faubourg, en prenant le trottoir tout en large, les femmes sur les portes causant, gesticulant, et tous ces
tas de monde qui descendaient des barrières, je
me disais en charriant mes copeaux : « Bonne
affaire ! il va y avoir quelque chose... »

En effet, ça ne manquait pas. Le soir, en rentrant chez nous, je trouvais la boutique pleine ;
des amis du père causaient politique autour de
l'établi, des voisins lui apportaient le journal ; car
dans ce temps-là il n'y avait pas de feuilles à un
sou comme maintenant. Ceux qui voulaient recevoir le journal se cotisaient à plusieurs dans la
même maison et se le passaient d'étage en étage...
Papa Bélisaire, qui travaillait toujours malgré tout,
poussait son rabot avec colère en entendant les
nouvelles ; et je me rappelle que ces jours-là, au
moment de se mettre à table, la mère ne manquait
jamais de nous dire :

« Tenez-vous tranquilles, les enfants... Le père

n'est pas content, rapport aux affaires de la politique. »

Moi, vous pensez, je n'y comprenais pas grand'-chose, à ces sacrées affaires. Tout de même, il y avait des mots qui m'entraient dans la tête à force de les entendre, comme, par exemple :

« Cette canaille de Guizot, qui est allé à Gand ! »

Je ne savais pas bien ce que c'était que ce Guizot, ni ce que cela voulait dire d'être allé à Gand ; mais c'est égal ! je répétais avec les autres :

« Canaille de Guizot !... Canaille de Guizot !... »

Et j'y allais d'autant plus de bon cœur à l'appeler canaille, ce pauvre M. Guizot, que, dans ma tête, je le confondais avec un grand coquin de sergent de ville qui se tenait au coin de la rue de l'Orillon et me faisait toujours des misères, par rapport à ma charrette de copeaux... Personne ne l'aimait dans le quartier, ce grand rouge-là ! Les chiens, les enfants, tout le monde lui était après ; il n'y avait que le marchand de vin qui, de temps en temps, pour l'amadouer, lui glissait un verre de vin dans l'entre-bâillement de sa boutique. Le grand rouge s'approchait sans avoir l'air de rien, regardait à droite et à gauche s'il n'y avait pas de chefs, puis, en passant, *uit !*... Je n'ai jamais vu siffler un verre de vin si lestement. Le malin, c'était de guetter le moment où il avait le coude en l'air, et d'arriver derrière en criant :

« Gare, sergo !... voilà l'officier. »

On est comme ça dans le peuple de Paris, c'est le sergent de ville qui porte la peine de tout. On s'habitue à les haïr, les pauvres diables, à les regarder comme des chiens. Les ministres font des bêtises, c'est aux sergents de ville qu'on les fait payer, et quand une fois il arrive une bonne révolution, les ministres s'en vont à Versailles, et les sergents de ville dans le canal...

Pour en revenir donc à ce que je vous disais, dès qu'il y avait quelque chose dans Paris, j'étais un des premiers à le savoir. Ces jours-là, on se donnait rendez-vous, tous les petits du quartier, et nous descendions ensemble le faubourg. Il y avait des gens qui criaient :

« C'est rue Montmartre... non !... à la porte Saint-Denis. »

D'autres qui s'étaient trouvés en course de ce côté-là, revenaient furieux de n'avoir pas pu passer. Les femmes couraient chez les boulangers. On fermait les portes cochères. Tout cela nous montait. Nous chantions, nous bousculions en passant les petits marchands des rues qui relevaient bien vite leurs étalages, leurs éventaires comme les jours de grand vent. Quelquefois, en arrivant au canal, les ponts des écluses étaient déjà tournés. Des fiacres, des camions s'arrêtaient là. Les cochers juraient, le monde s'inquiétait. Nous escaladions en courant cette grande passerelle toute en marches qui séparait alors le faubourg de la rue du Temple, et nous arrivions sur les boulevards.

C'est ça qui est amusant, le boulevard, les mardis gras et les jours d'émeute. Presque pas de voitures ; on pouvait galoper à son aise sur cette grande chaussée. En nous voyant passer, les boutiquiers de ces quartiers savaient bien ce que cela voulait dire, et fermaient vite leurs magasins. On entendait claquer les volets ; mais tout de même, une fois la boutique fermée, ces gens-là se tenaient sur le trottoir devant leurs portes, parce que chez les Parisiens la curiosité est plus forte que tout.

Enfin nous apercevions une masse noire, la foule, l'encombrement. C'était là !... Seulement pour bien voir, il s'agissait d'être au premier rang ; et dame ! on en recevait de ces taloches... Pourtant, à force de pousser, de bousculer, de se glisser entre les jambes, nous finissions par arriver... Une fois bien placés, en avant de tout le monde, on respirait et on était fier. Le fait est que le spectacle en valait la peine.

Non, voyez-vous, jamais M. Bocage, jamais
M. Mélingue ne m'ont donné un battement de cœur
pareil à celui que j'avais en voyant là-bas, au bout
de la rue, dans l'espace resté vide, le commissaire
s'avancer avec son écharpe... Les autres criaient :

« Le commissaire ! le commissaire ! »

Moi je ne disais rien. J'avais les dents serrées de
peur, de plaisir, de je ne sais pas quoi ; en moi-
même je pensais :

« Le commissaire est là... gare tout à l'heure les
coups de trique... »

Ce n'était pas encore tant les coups de trique
qui m'impressionnaient, mais ce diable d'homme
avec son écharpe sur son habit noir, et ce grand
chapeau de monsieur qui lui donnait l'air d'être
en visite au milieu des schakos et des tricornes,
ça me faisait un effet... ! Après un roulement de
tambour, le commissaire commençait à mar-
motter quelque chose. Comme il était loin de nous,
malgré le grand silence, sa voix s'en allait dans
l'air, et on n'entendait que ça :

« Mn... mn... mn... »

Mais nous la connaissions aussi bien que lui la
loi sur les attroupements. Nous savions que nous
avions droit à trois sommations avant d'arriver
aux coups de trique. Aussi la première fois, per-

sonne ne bougeait. On restait là, bien tranquille, les mains dans les poches... Par exemple, au second roulement, on commençait à devenir vert, et à regarder de droite et de gauche par où il faudrait passer... Au troisième roulement, prrt ! c'était comme un départ de perdreaux, et des cris, des miaulements, un envolement de tabliers, de chapeaux, de casquettes, et puis là-bas derrière, les triques qui commençaient à taper. Non, vrai ! il n'y a pas de pièces de théâtre capables de vous donner de ces émotions-là. On en avait pour huit jours à raconter cela aux autres, et comme ils étaient fiers ceux qui pouvaient dire :

« J'ai entendu la troisième sommation !... »

Il faut dire aussi qu'à ce jeu on risquait quelquefois des morceaux de sa peau. Figurez-vous qu'un jour, à la pointe Saint-Eustache, je ne sais comment le commissaire fit son compte ; mais pas plutôt le second roulement, voilà les municipaux qui partent, la trique en l'air. Je ne restai pas là à les attendre, vous pensez bien. Mais j'avais beau allonger mes petites jambes, un de ces grands diables s'était acharné sur moi et me serrait de si court, de si court, qu'après avoir senti deux ou trois fois le vent de sa trique, je finis par la recevoir en plein sur la tête. Dieu de Dieu, quelle décharge !

je n'ai jamais vu pareille illumination... On me
rapporta chez nous la figure fendue, et si vous
croyez que ça m'avait corrigé... Ah ! ben oui, tout
le temps que la pauvre maman Bélisaire me mettait des compresses, je ne cessais pas de crier :

« Ce n'est pas ma faute... C'est ce gueux de commissaire qui nous a trichés... il n'a fait que deux
sommations ! »

UN SOIR DE PREMIÈRE

IMPRESSIONS DE L'AUTEUR

C'EST pour huit heures. Dans cinq minutes, la toile va se lever. Machinistes, régisseur, garçon d'accessoires, tout le monde est à son poste. Les acteurs de la première scène se placent, prennent leurs attitudes. Je regarde une dernière fois par le trou du rideau. La salle est comble ; quinze cents têtes rangées en amphithéâtre, riant, s'agitant dans la lumière. Il y en a quelques-unes que je reconnais vaguement ; mais leur physionomie me paraît toute changée. Ce sont des mines pincées, des airs rogues, dogmatiques, des lorgnettes déjà braquées qui me visent comme des pistolets. Il y a bien dans un coin quelques visages chers, pâlis par l'angoisse et l'attente : mais combien d'indifférents, de mal disposés ! Et tout ce que ces gens apportent du dehors, cette masse d'inquiétudes, de distractions, de préoccupations, de méfiances... Dire qu'il va falloir dissiper tout cela,

traverser cette atmosphère d'ennui, de malveillance, faire à ces milliers d'êtres une pensée commune, et que mon drame ne peut exister qu'en
allumant sa vie à toutes ces paires d'yeux inexo-
rables... Je voudrais attendre encore, empêcher
le rideau de se lever. Mais non ! il est trop tard.
Voilà les trois coups frappés, l'orchestre qui pré-
lude... puis un grand silence, et une voix que j'entends des coulisses, sourde, lointaine, perdue dans
l'immensité de la salle. C'est ma pièce qui commence. Ah ! malheureux, qu'est-ce que j'ai fait ?...

Moment terrible. On ne sait où aller, que devenir. Rester là, collé contre un portant, l'oreille
tendue, le cœur serré ; encourager les acteurs
quand on aurait tant besoin d'encouragements
soi-même, parler sans savoir ce qu'on dit, sourire
en ayant dans les yeux l'égarement de la pensée
absente... Au diable ! J'aime encore mieux me
glisser dans la salle et regarder le danger en
face.

Caché au fond d'une baignoire, j'essaye de me
poser en spectateur détaché, indifférent, comme si
je n'avais pas vu pendant deux mois toutes les
poussières de ces planches flotter autour de mon
œuvre, comme si je n'avais pas réglé moi-même
tous ces gestes, toutes ces voix et les moindres

détails de la mise en scène, depuis le mécanisme des portes jusqu'à la montée du gaz. C'est une impression singulière. Je voudrais écouter, mais je ne peux pas. Tout me gêne, tout me dérange. Ce sont des clefs brusques aux portes des loges, des tabourets qu'on remue, des quintes de toux qui s'encouragent, se répondent, des chuchotements d'éventails, des étoffes froissées, un tas de petits bruits qui me paraissent énormes ; puis des hostilités de gestes, d'attitudes, des dos qui n'ont pas l'air content, des coudes ennuyés qui s'étalent, semblent barrer tout le décor.

Devant moi, un tout jeune homme à binocle prend des notes d'un air grave, et dit :

« C'est enfantin. »

Dans la loge à côté, on cause à voix basse :

« Vous savez que c'est pour demain.

— Pour demain ?

— Oui, demain, sans faute. »

Il paraît que demain est très important pour ces gens-là, et moi qui ne pense qu'à aujourd'hui !... A travers cette confusion, pas un de mes mots ne porte, ne fait flèche. Au lieu de monter, d'emplir la salle, les voix des acteurs s'arrêtent au bord de la rampe et retombent lourdement dans le trou du souffleur, au fracas bête de la claque... Qu'est-ce

qu'il a donc à se fâcher, ce monsieur, là-haut ?
Décidément j'ai peur. Je m'en vais.

Me voilà dehors. Il pleut, il fait noir ; mais je
ne m'en aperçois guère. Les loges, les galeries
tournent encore devant moi avec leurs rangées
de têtes lumineuses, et la scène au milieu, comme
un point fixe, éclatant, qui s'obscurcit à mesure
que je m'éloigne. J'ai beau marcher, me secouer,
je la vois toujours cette scène maudite, et la pièce
que je sais par cœur, continue à se jouer, à se traîner
lugubrement au fond de mon cerveau. C'est comme
un mauvais rêve que j'emporte avec moi, et auquel
je mêle les gens qui me heurtent, le gâchis, le bruit
de la rue. Au coin du boulevard, un coup de sifflet
m'arrête, me fait pâlir. Imbécile ! c'est un bureau
d'omnibus... Et je marche, et la pluie redouble.
Il me semble que là-bas aussi il pleut sur mon
drame, que tout se décolle, se détrempe, et que
mes héros, honteux et frippés, barbottent à ma
suite sur les trottoirs luisants de gaz et d'eau.

Pour m'arracher à ces idées noires, j'entre dans
un café. J'essaye de lire ; mais les lettres se croisent, dansent, s'allongent, tourbillonnent. Je ne
sais plus ce que les mots veulent dire ; ils me
semblent tous bizarres, vides de sens. Cela me
rappelle une lecture que j'ai faite en mer, il y a

quelques années, un jour de très gros temps. Sous le rouf inondé d'eau où je m'étais blotti, j'avais trouvé une grammaire anglaise, et là, dans le train des vagues et des mâts arrachés, pour ne pas penser au danger, pour ne pas voir ces paquets d'eau verdâtre qui croulaient sur le pont en s'étalant, je m'absorbais de toutes mes forces dans l'étude du *th* anglais ; mais j'avais beau lire à haute voix, répéter et crier les mots, rien ne pouvait entrer dans ma tête pleine des huées de la mer et des sifflements aigus de la bise en haut des vergues.

Le journal que je tiens à ce moment me paraît aussi incompréhensible que ma grammaire anglaise. Pourtant à force de fixer cette grande feuille dépliée devant moi, je vois s'y dérouler, entre les lignes courtes et serrées, les articles de demain, et mon pauvre nom se débattre dans des buissons d'épines et des flots d'encre amère... Tout à coup le gaz baisse, on ferme le café.

Déjà ?

Quelle heure est-il donc ?

... Les boulevards sont pleins de monde. On sort des théâtres. Je me croise sans doute avec des gens qui ont vu ma pièce. Je voudrais demander, savoir, et en même temps je passe vite pour ne pas entendre les réflexions à haute voix et les feuilletons

en pleine rue. Ah! comme ils sont heureux tous
ceux-là qui rentrent chez eux et qui n'ont pas fait
de pièces... Me voici devant le théâtre. Tout est
fermé, éteint. Décidément, je ne saurai rien ce soir ;
mais je me sens une immense tristesse devant les
affiches mouillées et les ifs à lampions qui cligno-
tent encore à la porte. Ce grand bâtiment que j'ai
vu tout à l'heure s'étaler en bruit et en lumière à
tout ce coin de boulevard est sourd, noir, désert,
ruisselant comme après un incendie... Allons !
c'est fini. Six mois de travail, de rêves, de fatigues,
d'espérances, tout cela s'est brûlé, perdu, envolé
à la flambée de gaz d'une soirée.

LA SOUPE AU FROMAGE

C'EST une petite chambre au cinquième, une de ces mansardes où la pluie tombe droite sur les vitres à tabatière, et qui — la nuit venue comme maintenant — semblent se perdre avec les toits dans le noir et dans la rafale. Pourtant la pièce est bonne, confortable, et l'on éprouve en y entrant je ne sais quel sentiment de bien-être qu'augmentent encore le bruit du vent et les torrents de pluie ruisselant aux gouttières. On se croirait dans un nid bien chaud, tout en haut d'un grand arbre. Pour le moment, le nid est vide. Le maître du logis n'est pas là ; mais on sent qu'il va rentrer bientôt, et tout chez lui a l'air de l'attendre. Sur un bon feu couvert, une petite marmite bout tranquillement avec un murmure de satisfaction. C'est un peu tard veiller pour une marmite ; aussi quoique celle-là semble faite au métier, à en juger par ses flancs roussis, passés à la flamme, de temps en temps elle s'impatiente, et son couvercle se sou-

lève, agité par la vapeur. Alors une bouffée de
chaleur appétissante monte et se répand dans
toute la chambre.

Oh ! la bonne odeur de soupe au fromage...

Parfois aussi le feu couvert se dégage un peu.
Un écroulement de cendres se fait entre les bûches,
et une petite flamme court sur le parquet, éclairant
le logis par le bas, comme pour faire son inspection, s'assurer que tout est en ordre. Oui, ma foi !
tout est bien en ordre, et le maître peut venir quand
il voudra. Les rideaux d'algérienne sont tirés devant les fenêtres, drapés confortablement autour
du lit. Voilà là-bas le grand fauteuil qui s'allonge
auprès de la cheminée ; la table, dans un coin
toute dressée, avec la lampe prête à allumer, le
couvert mis pour un seul, et à côté du couvert le
livre, compagnon du repas solitaire... Et de même
que la marmite a un coup de feu, les fleurs de la
vaisselle ont pâli dans l'eau, le livre est froissé aux
bords. Il y a sur tout cela l'air attendri, un peu
fatigué, d'une habitude. On sent que le maître
du logis doit rentrer très tard toutes les nuits, et
qu'il aime à trouver en rentrant ce petit souper qui
mijote, et tient la chambre parfumée et chaude
jusqu'à son retour.

Oh ! la bonne odeur de soupe au fromage.

A voir la netteté de ce logement de garçon, je
m'imagine un employé, un de ces êtres minutieux
qui installent dans toute leur vie l'exactitude de
l'heure du bureau et l'ordre des cartons étiquetés.
Pour rentrer si tard, il doit avoir un service de
nuit à la poste ou au télégraphe. Je le vois d'ici
derrière un grillage, en manches de lustrine et
calotte de velours, triant, timbrant des lettres,
dévidant les banderoles bleues des dépêches, pré-
parant à Paris qui dort ou qui s'amuse toutes ses
affaires de demain. Eh bien, non. Ce n'est pas cela.
Voici qu'en furetant dans la chambre, la petite
lueur du foyer vient éclairer de grandes photographies accrochées au mur. Aussitôt l'on voit
sortir de l'ombre, encadrés d'or et majestueusement
drapés, l'empereur Auguste, Mahomet, Félix, chevalier romain, gouverneur d'Arménie, des couron-
nes, des casques, des tiares, des turbans, et sous
ces coiffures différentes, toujours la même tête
solennelle et droite, la tête du maître de céans, l'heureux seigneur pour qui cette soupe embaumée mijote et bout doucement sur la cendre chaude...

Oh ! la bonne odeur de soupe au fromage...

Certes, non ! celui-là n'est pas un employé des
postes. C'est un empereur, un maître du monde, un
de ces êtres providentiels qui tous les soirs de

répertoire font trembler les voûtes de l'Odéon et
n'ont qu'à dire : « Gardes, saisissez-le ! » pour que
les gardes obéissent. En ce moment, il est là-bas
dans son palais, de l'autre côté de l'eau. Le cothurne
aux talons, la chlamyde à l'épaule, il erre sous les
portiques, déclame, fronce le sourcil, se drape d'un
air ennuyé dans ses tirades tragiques. C'est si
triste en effet de jouer devant les banquettes !
Et la salle de l'Odéon est si grande, si froide, les
soirs de tragédie !... Tout à coup l'empereur, à
demi gelé sous sa pourpre, sent un frisson de chaleur lui courir par tout le corps. Son œil s'allume,
sa narine s'ouvre... Il songe qu'en rentrant, il va
trouver sa chambre encore chaude, le couvert mis,
la lampe prête et tout son petit chez lui bien
rangé, avec ce soin bourgeois des comédiens qui
se vengent dans la vie privée des allures un peu
désordonnées de la scène... Il se voit découvrant
la marmite, remplissant son assiette à fleurs...

Oh ! la bonne odeur de soupe au fromage !...

A partir de ce moment, ce n'est plus le même
homme. Les plis droits de sa chlamyde, les escaliers de marbre, la roideur des portiques n'ont plus
rien qui le gêne. Il s'anime, presse son jeu, précipite l'action. Pensez donc ! si le feu allait s'éteindre
là-bas... A mesure que la soirée s'avance, sa vision

se rapproche et lui donne de l'entrain. Miracle !
l'Odéon dégèle. Les vieux habitués de l'orchestre,
réveillés de leur torpeur, trouvent que ce Maran-
court est vraiment magnifique, surtout aux dernières scènes. Le fait est qu'au dénoûment, à
l'heure décisive où l'on poignarde les traîtres, où
l'on marie les princesses, la physionomie de l'empereur vous a une béatitude, une sérénité singu-
lières. L'estomac creusé par tant d'émotions, de
tirades, il lui semble qu'il est chez lui, assis à sa
petite table, et son regard va de Cinna à Maxime
avec un bon sourire d'attendrissement, comme s'il
voyait déjà les jolis fils blancs qui s'allongent au
bout de la cuillère, quand la soupe au fromage est
cuite à point, bien mijotée et servie chaud...

LE DERNIER LIVRE

« IL est mort !... » me dit quelqu'un dans l'escalier.

Depuis plusieurs jours déjà, je la sentais venir la lugubre nouvelle. Je savais que d'un moment à l'autre j'allais la trouver à cette porte ; et pourtant elle me frappa comme quelque chose d'inattendu. Le cœur gros, les lèvres tremblantes, j'entrai dans cet humble logis d'homme de lettres où le cabinet de travail tenait la plus grande place, où l'étude despotique avait pris tout le bien-être, toute la clarté de la maison.

Il était là couché sur un petit lit de fer très bas, et sa table chargée de papiers, sa grande écriture interrompue au milieu des pages, sa plume encore debout dans l'encrier disaient combien la mort l'avait frappé subitement. Derrière le lit, une haute armoire de chêne, débordant de manuscrits, de paperasses, s'entr'ouvrait presque sur sa tête. Tout autour, des livres, rien que des livres : partout, sur des rayons, sur des chaises, sur le bureau, empilés par terre dans des coins, jusque sur le pied du lit. Quand il écrivait là, assis à sa table, cet encombrement, ce fouillis sans poussière pouvait plaire aux yeux : on y sentait la vie, l'entrain du travail. Mais dans cette chambre de mort, c'était lugubre. Tous ces pauvres livres, qui croulaient par piles, avaient l'air prêts à partir, à se perdre dans cette grande bibliothèque du hasard, éparse dans les ventes, sur les quais, les étalages, feuilletée par le vent et la flâne.

Je venais de l'embrasser dans son lit, et j'étais debout à le regarder, tout saisi par le contact de ce front froid et lourd comme une pierre. Soudain la porte s'ouvrit. Un commis en librairie, chargé, essoufflé, entra joyeusement et poussa sur la table un paquet de livres, frais sortis de la presse.

« Envoi de Bachelin », cria-t-il ; puis, voyant le lit, il recula, ôta sa casquette et se retira discrètement.

Il y avait quelque chose d'effroyablement ironique dans cet envoi du libraire Bachelin, retardé d'un mois, attendu par le malade avec tant d'impatience et reçu par le mort... Pauvre ami ! C'était son dernier livre, celui sur lequel il comptait le plus. Avec quel soin minutieux ses mains, déjà

tremblantes de fièvre, avaient corrigé les épreuves !
quelle hâte il avait de tenir le premier exemplaire !
Dans les derniers jours, quand il ne parlait plus,
ses yeux restaient fixés sur la porte ; et si les im-
primeurs, les protes, les brocheurs, tout ce monde
employé à l'œuvre d'un seul, avaient pu voir ce
regard d'angoisse et d'attente, les mains se seraient
hâtées, les lettres se seraient bien vite mises en
pages, les pages en volumes pour arriver à temps,
c'est-à-dire un jour plus tôt, et donner au mourant la joie de retrouver, toute fraîche dans le
parfum du livre neuf et la netteté des caractères,
cette pensée qu'il sentait déjà fuir et s'obscurcir
en lui.

Même en pleine vie, il y a là en effet pour l'écri-
vain un bonheur dont il ne se blase jamais. Ouvrir
le premier exemplaire de son œuvre, la voir fixée,
comme en relief, et non plus dans cette grande
ébullition du cerveau où elle est toujours un peu
confuse, quelle sensation délicieuse ! Tout jeune,
cela vous cause un éblouissement : les lettres miroi-
tent, allongées de bleu, de jaune, comme si l'on
avait du soleil plein la tête. Plus tard, à cette joie
d'inventeur se mêle un peu de tristesse, le regret
de n'avoir pas dit tout ce que l'on voulait dire.
L'œuvre qu'on portait en soi paraît toujours plus

belle que celle qu'on a faite. Tant de choses se
perdent en ce voyage de la tête à la main ! A voir
dans les profondeurs du rêve, l'idée du livre ressemble à ces jolies méduses de la Méditerranée qui
passent dans la mer comme des nuances flottantes ;
posées sur le sable, ce n'est plus qu'un peu d'eau,
quelques gouttes décolorées que le vent sèche tout
de suite.

Hélas ! ni ces joies ni ces désillusions, le pauvre
garçon n'avait rien eu, lui, de sa dernière œuvre.
C'était navrant à voir, cette tête inerte et lourde,
endormie sur l'oreiller, et à côté ce livre tout neuf,
qui allait paraître aux vitrines, se mêler aux bruits
de la rue, à la vie de la journée, dont les passants
liraient le titre machinalement, l'emporteraient
dans leur mémoire, au fond de leurs yeux, avec
le nom de l'auteur, ce même nom inscrit à la page
triste des mairies, et si riant, si gai sur la couverture de couleur claire. Le problème de l'âme et
du corps semblait tenir là tout entier, entre ce
corps rigide qu'on allait ensevelir, oublier, et ce
livre qui se détachait de lui, comme une âme
visible, vivante, et peut-être immortelle...

... « Il m'en avait promis un exemplaire... » dit
tout bas près de moi une voix larmoyante. Je me
retournai, et j'aperçus, sous des lunettes d'or, un

petit œil vif et fureteur de ma connaissance et de
la vôtre aussi, vous tous mes amis qui écrivez.
C'était l'amateur de livres, celui qui vient, dès
qu'un volume de vous est annoncé, sonner à votre
porte deux petits coups timides et persistants qui
lui ressemblent. Il entre, souriant, l'échine basse,
frétille autour de vous, vous appelle « cher maître »,
et ne s'en ira pas sans emporter votre dernier livre.
Rien que le dernier ! Il a tous les autres, c'est celui-
là seul qui lui manque. Et le moyen de refuser ?
Il arrive si bien à l'heure, il sait si bien vous prendre
au milieu de cette joie dont nous parlions, dans
l'abandon des envois, des dédicaces. Ah ! le terrible
petit homme que rien ne rebute, ni les portes sourdes, ni les accueils gelés, ni le vent, ni la pluie, ni
les distances. Le matin, on le rencontre dans la
rue de la Pompe, grattant au petit huis du pa-
triarche de Passy ; le soir, il revient de Marly avec
le nouveau drame de Sardou sous le bras. Et comme
cela, toujours trottant, toujours en quête, il remplit sa vie sans rien faire, et sa bibliothèque sans
payer.

Certes, il fallait que la passion des livres fût
bien forte chez cet homme pour l'amener ainsi
jusqu'à ce lit de mort.

« Eh ! prenez-le, votre exemplaire », lui dis-je

impatienté. Il ne le prit pas, il l'engloutit. Puis,
une fois le volume bien approfondi dans sa poche,
il resta sans bouger, sans parler, la tête penchée
sur l'épaule, essuyant ses lunettes d'un air attendri...
Qu'attendait-il ? qu'est-ce qui le retenait ? Peut-
être un peu de honte, l'embarras de partir tout de
suite, comme s'il n'était venu que pour cela ?

Eh bien, non !

Sur la table, dans le papier d'emballage à moitié
enlevé, il venait d'apercevoir quelques exemplaires
d'amateur, la tranche épaisse, non rognés, avec de
grandes marges, fleurons, culs-de-lampe ; et mal-
ré son attitude recueillie, son regard, sa pensée,
out était là... Il en louchait, le malheureux !

Ce que c'est pourtant que la manie d'observer !...
Moi-même je m'étais laissé distraire de mon émotion, et je suivais, à travers mes larmes, cette
petite comédie navrante qui se jouait au chevet
du mort. Doucement, par petites secousses invisibles, l'amateur se rapprochait de la table. Sa main
se posa comme par hasard sur un des volumes ;
il le retourna, l'ouvrit, palpa le feuillet. A mesure
son œil s'allumait, le sang lui montait aux joues.
La magie du livre opérait en lui... A la fin, n'y
tenant plus, il en prit un :

« C'est pour M. de Sainte-Beuve », me dit-il à

demi-voix, et dans sa fièvre, son trouble, la peur qu'on ne le lui reprît, peut-être aussi pour bien me convaincre que c'était pour M. de Sainte-Beuve, il ajouta très gravement avec un accent de componction intraduisible : « De l'Académie française !... » et il disparut.

MAISON A VENDRE

AU-DESSUS de la porte, une porte de bois mal jointe, qui laissait se mêler, dans un grand intervalle, le sable du jardinet et la terre de la route, un écriteau était accroché depuis longtemps, immobile dans le soleil d'été, tourmenté, secoué au vent d'automne : *Maison à vendre*, et cela semblait dire aussi maison abandonnée, tant il y avait de silence autour.

Quelqu'un habitait là pourtant. Une petite fumée bleuâtre, montant de la cheminée de brique qui dépassait un peu le mur, trahissait une existence cachée, discrète et triste comme la fumée de ce feu de pauvre. Puis à travers les ais branlants de la porte, au lieu de l'abandon, du vide, de cet en-l'air qui précède et annonce une vente, un départ, on voyait des allées bien alignées, des tonnelles arrondies, les arrosoirs près du bassin et des ustensiles de jardinier appuyés à la maisonnette. Ce n'était rien qu'une maison de paysan,

équilibrée sur ce terrain en pente par un petit
escalier, qui plaçait le côté de l'ombre au premier,
celui du midi au rez-de-chaussée. De ce côté-là, on
aurait dit une serre. Il y avait des cloches de verre
empilées sur les marches, des pots à fleurs vides,
renversés, d'autres rangés avec des géraniums, des
verveines sur le sable chaud et blanc. Du reste, à
part deux ou trois grands platanes, le jardin était
tout au soleil. Des arbres fruitiers en éventail sur
des fils de fer, ou bien en espalier, s'étalaient à
la grande lumière, un peu défeuillés, là seulement
pour le fruit. C'était aussi des plants de fraisiers,
des pois à grandes rames : et au milieu de tout cela,
dans cet ordre et ce calme, un vieux, à chapeau
de paille, qui circulait tout le jour par les allées,
arrosait aux heures fraîches, coupait, émondait les
branches et les bordures.

Ce vieux ne connaissait personne dans le pays.
Excepté la voiture du boulanger, qui s'arrêtait
à toutes les portes dans l'unique rue du village,
il n'avait jamais de visite. Parfois, quelque passant, en quête d'un de ces terrains à mi-côte qui
sont tous très fertiles et font de charmants vergers,
s'arrêtait pour sonner en voyant l'écriteau. D'a-
bord la maison restait sourde. Au second coup un
bruit de sabots s'approchait lentement du fond du

jardin, et le vieux entre-bâillait sa porte d'un air furieux :

« Qu'est-ce que vous voulez ?

— La maison est à vendre ?

— Oui, répondait le bonhomme avec effort, oui... elle est à vendre, mais je vous préviens qu'on en demande très cher... » Et sa main, toute prête à la refermer, barrait la porte. Ses yeux vous mettaient dehors, tant ils montraient de colère, et il restait là, gardant comme un dragon ses carrés de légumes et sa petite cour sablée. Alors les gens passaient leur chemin, se demandant à quel maniaque ils avaient affaire, et quelle était cette folie de mettre sa maison en vente avec un tel désir de la conserver.

Ce mystère me fut expliqué. Un jour, en passant devant la petite maison, j'entendis des voix animées, le bruit d'une discussion.

— « Il faut vendre, papa, il faut vendre... vous l'avez promis... »

Et la voix du vieux, toute tremblante :

« Mais, mes enfants, je ne demande pas mieux que de vendre... voyons ! Puisque j'ai mis l'écriteau. »

J'appris ainsi que c'étaient ses fils, ses brus, de petits boutiquiers parisiens, qui l'obligeaient à se

défaire de ce coin bien-aimé. Pour quelle raison ? Je
l'ignore. Ce qu'il y a de sûr, c'est qu'ils commençaient à trouver que la chose traînait trop, et à
partir de ce jour, ils vinrent régulièrement tous les
dimanches pour harceler le malheureux, l'obliger
à tenir sa promesse. De la route, dans ce grand silence du dimanche, où la terre elle-même se repose
d'avoir été labourée, ensemencée toute la semaine,
j'entendais cela très bien. Les boutiquiers causaient,
discutaient entre eux en jouant au tonneau, et le
mot argent sonnait sec dans ces voix aigres comme
les palets qu'on heurtait. Le soir, tout le monde
s'en allait ; et quand le bonhomme avait fait quelques pas sur la route pour les reconduire, il rentrait
bien vite, et refermait tout heureux sa grosse porte,
avec une semaine de répit devant lui. Pendant
huit jours, la maison redevenait silencieuse. Dans
le petit jardin brûlé de soleil, on n'entendait rien
que le sable écrasé d'un pas lourd, ou traîné au
râteau.

De semaine en semaine cependant, le vieux
était plus pressé, plus tourmenté. Les boutiquiers
employaient tous les moyens. On amenait les petits
enfants pour le séduire. « Voyez-vous, grand-père,
quand la maison sera vendue, vous viendrez
habiter avec nous. Nous serons si heureux tous

ensemble !... » Et c'étaient des aparté dans tous les coins, des promenades sans fin à travers les allées, des calculs faits à haute voix. Une fois j'entendis une des filles qui criait :

« La baraque ne vaut pas cent sous... elle est bonne à jeter à bas. »

Le vieux écoutait sans rien dire. On parlait de lui comme s'il était mort, de sa maison comme si elle était déjà abattue. Il allait, tout voûté, des larmes dans les yeux, cherchant par habitude une branche à émonder, un fruit à soigner en passant ; et l'on sentait sa vie si bien enracinée dans ce petit coin de terre, qu'il n'aurait jamais la force de s'en arracher. En effet, quoi qu'on pût lui dire, il reculait toujours le moment du départ. En été, quand mûrissaient ces fruits un peu acides qui sentent la verdeur de l'année, les cerises, les groseilles, les cassis, il se disait :

« Attendons la récolte... Je vendrai tout de suite après. »

Mais la récolte faite, les cerises passées, venait le tour des pêches, puis les raisins, et après les raisins ces belles nèfles brunes qu'on cueille presque sous la neige. Alors l'hiver arrivait. La campagne était noire, le jardin vide. Plus de passants, plus d'acheteurs. Plus même de boutiquiers le dimanche.

Trois grands mois de repos pour préparer les se-
mences, tailler les arbres fruitiers, pendant que
l'écriteau inutile se balançait sur la route, retourné
par la pluie et le vent.

A la longue, impatientés et persuadés que le
vieux faisait tout pour éloigner les acheteurs, les
enfants prirent un grand parti. Une des brus vint
s'installer près de lui, une petite femme de boutique, parée dès le matin, et qui avait bien cet air
avenant, faussement doux, cette amabilité obsé-
quieuse des gens habitués au commerce. La route
semblait lui appartenir. Elle ouvrait la porte toute
grande, causait fort, souriait aux passants comme
pour dire :

« Entrez... voyez... la maison est à vendre ! »

Plus de répit pour le pauvre vieux. Quelquefois,
essayant d'oublier qu'elle était là, il bêchait ses
carrés, les ensemençait à nouveau, comme ces
gens tout près de la mort qui aiment à faire des
projets pour tromper leurs craintes. Tout le temps,
la boutiquière le suivait, le tourmentait :

— « Bah ! à quoi bon ?... c'est donc pour les
autres que vous prenez tant de peine ? »

Il ne lui répondait pas, et s'acharnait à son travail avec un entêtement singulier. Laisser son
jardin à l'abandon, c'eût été le perdre un peu déjà,

commencer à s'en détacher. Aussi les allées n'avaient pas un brin d'herbe ; pas de gourmand aux rosiers.

En attendant, les acquéreurs ne se présentaient pas. C'était le moment de la guerre, et la femme avait beau tenir sa porte ouverte, faire des yeux doux à la route, il ne passait que des déménagements, il n'entrait que de la poussière. De jour en jour, la dame devenait plus aigre. Ses affaires de Paris la réclamaient. Je l'entendais accabler son beau-père de reproches, lui faire de véritables scènes, taper les portes. Le vieux courbait le dos sans rien dire, et se consolait en regardant monter ses petits pois, et l'écriteau, toujours à la même place : *Maison à vendre.*

... Cette année, en arrivant à la campagne, j'ai bien retrouvé la maison ; mais, hélas ! l'écriteau n'y était plus. Des affiches déchirées, moisies, pendaient encore au long des murs. C'est fini ; on l'avait vendue ! A la place du grand portail gris une porte verte, fraîchement peinte, avec un fronton arrondi, s'ouvrait par un petit jour grillé qui laissait voir le jardin. Ce n'était plus le verger d'autrefois, mais un fouillis bourgeois de corbeilles, de pelouses, de cascades, le tout reflété dans une grande boule de métal qui se balançait devant le

perron. Dans cette boule, les allées faisaient des
cordons de fleurs voyantes, et deux larges figures
s'étalaient, exagérées : un gros homme rouge,
tout en nage, enfoncé dans une chaise rustique, et
une énorme dame essoufflée, qui criait en brandissant un arrosoir :

« J'en ai mis quatorze aux balsamines ! »

On avait bâti un étage, renouvelé les palissades ;
et dans ce petit coin remis à neuf, sentant encore
la peinture, un piano jouait à toute volée des quadrilles connus et des polkas de bals publics. Ces airs
de danse, qui tombaient sur la route et faisaient
chaud à entendre, mêlés à la grande poussière de
juillet, ce tapage de grosses fleurs, de grosses dames,
cette gaieté débordante et triviale me serraient
le cœur. Je pensais au pauvre vieux qui se prome-
nait là si heureux, si tranquille ; et je me le figurais
à Paris, avec son chapeau de paille, son dos de
vieux jardinier, errant au fond de quelque arrière-
boutique, ennuyé, timide, plein de larmes, pendant
que sa bru triomphait dans un comptoir neuf, où
sonnaient les écus de la petite maison.

CONTES DE NOËL

I

UN RÉVEILLON DANS LE MARAIS

MONSIEUR MAJESTÉ, fabricant d'eau de
Seltz dans le Marais, vient de faire un petit
réveillon chez des amis de la place Royale, et re-
gagne son logis en fredonnant... Deux heures sonnent à Saint-Paul. « Comme il est tard ! » se dit le
brave homme, et il se dépêche ; mais le pavé glisse,
les rues sont noires, et puis dans ce diable de vieux
quartier, qui date du temps où les voitures étaient
rares, il y a un tas de tournants, d'encoignures, de
bornes devant les portes à l'usage des cavaliers.
Tout cela empêche d'aller vite, surtout quand on a
déjà les jambes un peu lourdes, et les yeux embrouil-
lés par les toasts du réveillon... Enfin M. Majesté
arrive chez lui. Il s'arrête devant un grand portail
orné, où brille au clair de lune un écusson, doré

de neuf, d'anciennes armoiries repeintes dont il **a**
fait sa marque de fabrique :

> HÔTEL CI-DEVANT DE NESMOND
> MAJESTÉ JEUNE
> FABRICANT D'EAU DE SELTZ

Sur tous les siphons de la fabrique, sur les
bordereaux, les têtes de lettres, s'étalent ainsi et
resplendissent les vieilles armes des Nesmond.

Après le portail, c'est la cour, une large cour
aérée et claire, qui dans le jour en s'ouvrant fait
de la lumière à toute la rue. Au fond de la cour, une
grande bâtisse très ancienne, des murailles noires,
brodées, ouvragées, des balcons de fer arrondis,
des balcons de pierre à pilastres, d'immenses
fenêtres très hautes, surmontées de frontons, de
chapiteaux qui s'élèvent aux derniers étages comme
autant de petits toits dans le toit, et enfin sur le
faîte, au milieu des ardoises, les lucarnes des mansardes, rondes, coquettes, encadrées de guirlandes
comme des miroirs. Avec cela un grand perron de
pierre, rongé et verdi par la pluie, une vigne maigre
qui s'accroche aux murs, aussi noire, aussi tordue
que la corde qui se balance là-haut à la poulie du
grenier, je ne sais quel grand air de vétusté et de
tristesse... C'est l'ancien hôtel de Nesmond.

En plein jour, l'aspect de l'hôtel n'est pas le même. Les mots : *Caisse*, *Magasin*, *Entrée des ateliers* éclatent partout en or sur les vieilles murailles, les font vivre, les rajeunissent. Les camions des chemins de fer ébranlent le portail : les commis s'avancent au perron la plume à l'oreille pour recevoir les marchandises. La cour est encombrée de caisses, de paniers, de paille, de toile d'emballage. On se sent bien dans une fabrique... Mais avec la nuit, le grand silence, cette lune d'hiver qui, dans le fouillis des toits compliqués, jette et entremêle des ombres, l'antique maison des Nesmond reprend ses allures seigneuriales. Les balcons sont en dentelle ; la cour d'honneur s'agrandit, et le vieil escalier, qu'éclairent des jours inégaux, vous a des recoins de cathédrale, avec des niches vides et des marches perdues qui ressemblent à des autels.

Cette nuit-là surtout, M. Majesté trouve à sa maison un aspect singulièrement grandiose. En traversant la cour déserte, le bruit de ses pas l'impressionne. L'escalier lui paraît immense, surtout très lourd à monter. C'est le réveillon sans doute... Arrivé au premier étage, il s'arrête pour respirer, et s'approche d'une fenêtre. Ce que c'est que d'habiter une maison historique ! M. Majesté n'est

pas poète, oh ! non ; et pourtant, en regardant
cette belle cour aristocratique, où la lune étend
une nappe de lumière bleue, ce vieux logis de grand
seigneur qui a si bien l'air de dormir avec ses toits
engourdis sous leur capuchon de neige, il lui vient
des idées de l'autre monde :

« Hein ?... tout de même, si les Nesmond revenaient... »

A ce moment, un grand coup de sonnette retentit. Le portail s'ouvre à deux battants, si vite,
si brusquement, que le réverbère s'éteint ; et pendant quelques minutes il se fait là-bas, dans l'ombre de la porte, un bruit confus de frôlements, de
chuchotements. On se dispute, on se presse pour
entrer. Voici des valets, beaucoup de valets, des
carrosses tout en glaces miroitant au clair de lune,
des chaises à porteurs balancées entre deux torches
qui s'avivent au courant d'air du portail. En rien
de temps, la cour est encombrée. Mais au pied du
perron, la confusion cesse. Des gens descendent
des voitures, se saluent, entrent en causant comme
s'ils connaissaient la maison. Il y a là, sur ce perron,
un froissement de soie, un cliquetis d'épées. Rien
que des chevelures blanches, alourdies et mates
de poudre ; rien que des petites voix claires, un
peu tremblantes, des petits rires sans timbre, des

pas légers. Tous ces gens ont l'air d'être vieux,
vieux. Ce sont des yeux effacés, des bijoux en-
dormis, d'anciennes soies brochées, adoucies de
nuances changeantes, que la lumière des torches
fait briller d'un éclat doux ; et sur tout cela flotte
un petit nuage de poudre, qui monte des cheveux
échafaudés, roulés en boucles, à chacune de ces
jolies révérences, un peu guindées par les épées et
les grands paniers... Bientôt toute la maison à
l'air d'être hantée. Les torches brillent de fenêtre
en fenêtre, montent et descendent dans le
tournoiement des escaliers, jusqu'aux lucarnes
des mansardes qui ont leur étincelle de fête et
de vie. Tout l'hôtel de Nesmond s'illumine,
comme si un grand coup de soleil couchant avait
allumé ses vitres.

« Ah ! mon Dieu ! ils vont mettre le feu !... » se
dit M. Majesté. Et, revenu de sa stupeur, il tâche
de secouer l'engourdissement de ses jambes et
descend vite dans la cour, où les laquais viennent
d'allumer un grand feu clair. M. Majesté s'approche ; il leur parle. Les laquais ne lui répondent
pas, et continuent de causer tout bas entre eux,
sans que la moindre vapeur s'échappe de leurs
lèvres dans l'ombre glaciale de la nuit. M. Majesté
n'est pas content, cependant une chose le rassure,

c'est que ce grand feu qui flambe si haut et si droit est un feu singulier, une flamme sans chaleur, qui brille et ne brûle pas. Tranquillisé de ce côté, le bonhomme franchit le perron et entre dans ses magasins.

Ces magasins du rez-de-chaussée devaient faire autrefois de beaux salons de réception. Des parcelles d'or terni brillent encore à tous les angles. Des peintures mythologiques tournent au plafond, entourent les glaces, flottent au-dessus des portes dans des teintes vagues, un peu ternes, comme le souvenir des années écoulées. Malheureusement il n'y a plus de rideaux, plus de meubles. Rien que des paniers, de grandes caisses pleines de siphons à têtes d'étain, et les branches desséchées d'un vieux lilas qui montent toutes noires derrière les vitres. M. Majesté, en entrant, trouve son magasin plein de lumière et de monde. Il salue, mais personne ne fait attention à lui. Les femmes aux bras de leurs cavaliers continuent à minauder cérémonieusement sous leurs pelisses de satin. On se promène, on cause, on se disperse. Vraiment tous ces vieux marquis ont l'air d'être chez eux. Devant un trumeau peint, une petite ombre s'arrête, toute tremblante : « Dire que c'est moi, et que me voilà ! » et elle regarde en souriant une Diane qui se dresse dans la boiserie, — mince et rose, avec un croissant au front.

« Nesmond, viens donc voir tes armes ! » et tout le monde rit en regardant le blason des Nesmond qui s'étale sur une toile d'emballage, avec le nom de Majesté au-dessous.

« Ah ! ah ! ah !... Majesté !... Il y en a donc encore des Majestés en France ? »

Et ce sont des gaietés sans fin, de petits rires à son de flûte, des doigts en l'air, des bouches qui minaudent...

Tout à coup quelqu'un crie :

« Du champagne ! du champagne !

— Mais non !...

— Mais si !... si, c'est du champagne... Allons, comtesse, vite un petit réveillon. »

C'est de l'eau de Seltz de M. Majesté qu'ils ont prise pour du champagne. On le trouve bien un peu éventé ; mais bah ! on le boit tout de même, et comme ces pauvres petites ombres n'ont pas la tête bien solide, peu à peu cette mousse d'eau de Seltz les anime, les excite, leur donne envie de danser. Des menuets s'organisent. Quatre fins violons que Nesmond a fait venir commencent un air de Rameau, tout en triolets, menu et mélancolique dans sa vivacité. Il faut voir toutes ces

jolies vieilles tourner lentement, saluer en mesure
d'un air grave. Leurs atours en sont rajeunis, et
aussi les gilets d'or, les habits brochés, les souliers
à boucles de diamants. Les panneaux eux-mêmes
semblent revivre en entendant ces anciens airs.
La vieille glace, enfermée dans le mur depuis deux
cents ans, les reconnaît aussi, et tout éraflée,
noircie aux angles, elle s'allume doucement et
renvoie aux danseurs leur image, un peu effacée,
comme attendrie d'un regret. Au milieu de toutes
ces élégances, M. Majesté se sent gêné. Il s'est blotti
derrière une caisse et regarde...

Petit à petit cependant le jour arrive. Par les
portes vitrées du magasin, on voit la cour blan-
chir, puis le haut des fenêtres, puis tout un côté du
salon. A mesure que la lumière vient, les figures
s'effacent, se confondent. Bientôt M. Majesté ne
voit plus que deux petits violons attardés dans un
coin, et que le jour évapore en les touchant. Dans
la cour, il aperçoit encore, mais si vague, la forme
d'une chaise à porteurs, une tête poudrée semée
d'émeraudes, les dernières étincelles d'une torche
que les laquais ont jetée sur le pavé, et qui se
mêlent avec le feu des roues d'une voiture de roulage entrant à grand bruit par le portail ouvert...

CONTES DE NOËL

II

LES TROIS MESSES BASSES

I

« DEUX dindes truffées, Garrigou?...

— Oui, mon révérend, deux dindes magnifiques bourrées de truffes. J'en sais quelque
chose, puisque c'est moi qui ai aidé à les remplir.
On aurait dit que leur peau allait craquer en rôtis-
sant, tellement elle était tendue...

— Jésus-Maria! moi qui aime tant les truffes!...
Donne-moi vite mon surplis, Garrigou... Et avec
les dindes, qu'est-ce que tu as encore aperçu à la
cuisine?...

— Oh! toutes sortes de bonnes choses... Depuis
midi nous n'avons fait que plumer des faisans, des
huppes, des gelinottes, des coqs de bruyère. La
plume en volait partout... Puis de l'étang on a

apporté des anguilles, des carpes dorées, des truites, des...

— Grosses comment, les truites, Garrigou ?

— Grosses comme ça, mon révérend... Énormes !...

— Oh ! Dieu, il me semble que je les vois !... As-tu mis le vin dans les burettes ?

— Oui, mon révérend, j'ai mis le vin dans les burettes... Mais dame ! il ne vaut pas celui que vous boirez tout à l'heure en sortant de la messe de minuit. Si vous voyiez cela dans la salle à manger du château, toutes ces carafes qui flambent pleines de vins de toutes les couleurs... Et la vaisselle d'argent, les surtouts ciselés, les fleurs, les candélabres !... Jamais il ne se sera vu un réveillon pareil. Monsieur le marquis a invité tous les seigneurs du voisinage. Vous serez au moins quarante à table, sans compter le bailli ni le tabellion... Ah ! vous êtes bien heureux d'en être, mon révérend... Rien que d'avoir flairé ces belles dindes, l'odeur des truffes me suit partout... Meuh !...

— Allons, allons, mon enfant. Gardons-nous du péché de gourmandise, surtout la nuit de la Nativité... Va bien vite allumer les cierges et sonner le premier coup de la messe ; car voilà que minuit est proche et il ne faut pas nous mettre en retard... »

Cette conversation se tenait une nuit de Noël
de l'an de grâce mil six cent et tant, entre le révérend dom Balaguère, ancien prieur des Barnabites,
présentement chapelain gagé des sires de Trinquelague, et son petit clerc Garrigou, ou du moins
ce qu'il croyait être le petit clerc Garrigou, car
vous saurez que le diable, ce soir-là, avait pris la
face ronde et les traits indécis du jeune sacristain
pour mieux induire le révérend père en tentation
et lui faire commettre un épouvantable péché
de gourmandise. Donc, pendant que le soi-disant
Garrigou (hum ! hum !) faisait à tour de bras caril-
lonner les cloches de la chapelle seigneuriale, le
révérend achevait de revêtir sa chasuble dans la
petite sacristie du château ; et, l'esprit déjà troublé
par toutes ces descriptions gastronomiques, il se
répétait à lui-même en s'habillant :

« Des dindes rôties... des carpes dorées... des
truites grosses comme ça !... »

Dehors, le vent de la nuit soufflait en éparpillant
la musique des cloches, et à mesure des lumières
apparaissaient dans l'ombre aux flancs du mont
Ventoux, en haut duquel s'élevaient les vieilles
tours de Trinquelague. C'étaient des familles de
métayers qui venaient entendre la messe de minuit
au château. Ils grimpaient la côte en chantant par

groupes de cinq ou six, le père en avant la lanterne
en main, les femmes enveloppées dans leurs grandes
mantes brunes où les enfants se serraient et s'abri-
taient. Malgré l'heure et le froid, tout ce brave
peuple marchait allégrement, soutenu par l'idée
qu'au sortir de la messe il y aurait, comme tous les
ans, table mise pour eux en bas dans les cuisines.
De temps en temps, sur la rude montée, le carrosse
d'un seigneur, précédé de porteurs de torches, faisait
miroiter ses glaces au clair de lune, ou bien une
mule trottait en agitant ses sonnailles, et à la
lueur des falots enveloppés de brume, les métayers reconnaissaient leur bailli et le saluaient
au passage :

« Bonsoir, bonsoir, maître Arnoton !

— Bonsoir, bonsoir, mes enfants ! »

La nuit était claire, les étoiles avivées de froid ;
la bise piquait, et un fin grésil, glissant sur les
vêtements sans les mouiller, gardait fidèlement
la tradition des Noëls blancs de neige. Tout en
haut de la côte, le château apparaissait comme le
but, avec sa masse énorme de tours, de pignons,
le clocher de sa chapelle montant dans le ciel bleu
noir, et une foule de petites lumières qui clignotaient, allaient, venaient, s'agitaient à toutes les
fenêtres, et ressemblaient, sur le fond sombre du

bâtiment, aux étincelles courant dans des cendres
de papier brûlé... Passé le pont-levis et la poterne,
il fallait, pour se rendre à la chapelle, traverser
la première cour, pleine de carrosses, de valets, de
chaises à porteurs, toute claire du feu des torches
et de la flambée des cuisines. On entendait le tin-
tement des tournebroches, le fracas des casseroles,
le choc des cristaux et de l'argenterie remués dans
les apprêts d'un repas ; par là-dessus, une vapeur
tiède, qui sentait bon les chairs rôties et les herbes
fortes des sauces compliquées, faisait dire aux
métayers, comme au chapelain, comme au bailli,
comme à tout le monde :

« Quel bon réveillon nous allons faire après la
messe ! »

II

Drelindin din !... Drelindin din !...

C'est la messe de minuit qui commence. Dans la
chapelle du château, une cathédrale en miniature,
aux arceaux entrecroisés, aux boiseries de chêne,
montant jusqu'à hauteur des murs, toutes les tapis-
series ont été tendues, tous les cierges allumés. Et
que de monde ! Et que de toilettes ! Voici d'abord,
assis dans les stalles sculptées qui entourent le
chœur, le sire de Trinquelague, en habit de taffetas

saumon, et près de lui tous les nobles seigneurs
invités. En face, sur des prie-Dieu garnis de velours,
ont pris place la vieille marquise douairière dans
sa robe de brocart couleur de feu, et la jeune dame
de Trinquelague, coiffée d'une haute tour de dentelle gaufrée à la dernière mode de la cour de
France. Plus bas, on voit, vêtus de noir avec de
vastes perruques en pointe et des visages rasés,
le bailli Thomas Arnoton et le tabellion maître
Ambroy, deux notes graves parmi les soies voyantes
et les damas brochés. Puis viennent les gras majordomes, les pages, les piqueurs, les intendants,
dame Barbe, toutes ses clefs pendues sur le côté à
un clavier d'argent fin. Au fond, sur les bancs,
c'est le bas office, les servantes, les métayers avec
leurs familles ; et enfin, là-bas, tout contre la porte
qu'ils entr'ouvrent et referment discrètement, messieurs les marmitons qui viennent entre deux
sauces prendre un petit air de messe et apporter
une odeur de réveillon dans l'église toute en fête
et tiède de tant de cierges allumés.

Est-ce la vue de ces petites barrettes blanches
qui donne des distractions à l'officiant ? Ne serait-
ce pas plutôt la sonnette de Garrigou, cette enragée
petite sonnette qui s'agite au pied de l'autel avec
une précipitation infernale et semble dire tout le

temps : « Dépêchons-nous, dépêchons-nous... Plus
tôt nous aurons fini, plus tôt nous serons à table. »
Le fait est que chaque fois qu'elle tinte, cette
sonnette du diable, le chapelain oublie sa messe et
ne pense plus qu'au réveillon. Il se figure les cuisines
en rumeur, les fourneaux où brûle un feu de forge,
la buée qui monte des couvercles entr'ouverts, et
dans cette buée deux dindes magnifiques, bourrées,
tendues, marbrées de truffes...

Ou bien encore il voit passer des files de petits
pages portant des plats enveloppés de vapeurs ten-
tantes, et avec eux il entre dans la grande salle
déjà prête pour le festin. O délices ! voilà l'immense
table toute chargée et flamboyante, les paons
habillés de leurs plumes, les faisans écartant leurs
ailes mordorées, les flacons couleur de rubis, les
pyramides de fruits éclatant parmi les branches
vertes, et ces merveilleux poissons dont parlait
Garrigou (ah ! bien oui, Garrigou !) étalés sur un
lit de fenouil, l'écaille nacrée comme s'ils sortaient
de l'eau, avec un bouquet d'herbes odorantes dans
leurs narines de monstres. Si vive est la vision de
ces merveilles qu'il semble à dom Balaguère que
tous ces plats mirifiques sont servis devant lui sur
les broderies de la nappe d'autel, et deux ou trois
fois, au lieu de *Dominus vobiscum*, il se surprend

à dire le *Benedicite*. A part ces légères méprises, le digne homme débite son office très consciencieusement, sans passer une ligne, sans omettre une génuflexion, et tout marche assez bien jusqu'à la fin de la première messe ; car vous savez que le jour de Noël le même officiant doit célébrer trois messes consécutives.

« Et d'une ! » se dit le chapelain avec un soupir de soulagement ; puis, sans perdre une minute, il fait signe à son clerc ou celui qu'il croit être son clerc, et...

Drelindin din !... Drelindin din !...

C'est la seconde messe qui commence, et avec elle commence aussi le péché de dom Balaguère. « Vite, vite, dépêchons-nous », lui crie de sa petite voix aigrelette la sonnette de Garrigou, et cette fois le malheureux officiant, tout abandonné au démon de gourmandise, se rue sur le missel et dévore les pages avec l'avidité de son appétit en surexcitation. Frénétiquement il se baisse, se relève, esquisse les signes de croix, les génuflexions, raccourcit tous ses gestes pour avoir plus tôt fini. A peine s'il étend ses bras à l'évangile, s'il frappe sa poitrine au confiteor. Entre le clerc et lui c'est à qui bredouillera le plus vite. Versets et répons se précipitent, se bousculent. Les mots à moitié prononcés, sans ouvrir la bouche, ce qui prendrait trop de temps, s'achèvent en murmures incompréhensibles.

Oremus ps... ps... ps...

Meâ culpâ... pâ... pâ...

Pareils à des vendangeurs pressés foulant le raisin de la cuve, tous deux barbotent dans le latin de la messe, en envoyant des éclaboussures de tous les côtés.

Dom... scum !... dit Balaguère.

... Stutuo !... répond Garrigou ; et tout le temps la damnée petite sonnette est là qui tinte à leurs oreilles, comme ces grelots qu'on met aux chevaux de poste pour les faire galoper à la grande vitesse. Pensez que de ce train-là une messe basse est vite expédiée.

« Et de deux ! » dit le chapelain tout essoufflé ; puis, sans prendre le temps de respirer, rouge, suant, il dégringole les marches de l'autel et...

Drelindin din !... Drelindin din !...

C'est la troisième messe qui commence. Il n'y a plus que quelques pas à faire pour arriver à la salle à manger ; mais, hélas ! à mesure que le réveillon approche, l'infortuné Balaguère se sent pris d'une folie d'impatience et de gourmandise. Sa vision s'accentue, les carpes dorées, les dindes rôties

sont là, là. Il les touche ; ... il les... Oh ! Dieu... Les
plats fument, les vins embaument ; et secouant son
grelot enragé, la petite sonnette lui crie :

« Vite, vite, encore plus vite !... »

Mais comment pourrait-il aller plus vite ? Ses
lèvres remuent à peine. Il ne prononce plus les
mots... A moins de tricher tout à fait le bon Dieu
et de lui escamoter sa messe... Et c'est ce qu'il
fait, le malheureux !... De tentation en tentation, il
commence par sauter un verset, puis deux. Puis
l'épître est trop longue, il ne la finit pas, effleure
l'évangile, passe devant le credo sans entrer, saute
le pater, salue de loin la préface, et par bonds et
par élans se précipite ainsi dans la damnation
éternelle, toujours suivi de l'infâme Garrigou (*vade
retro, Satanas !*), qui le seconde avec une merveilleuse entente, lui relève sa chasuble, tourne les
feuillets deux par deux, bouscule les pupitres,
renverse les burettes, et sans cesse secoue la petite
sonnette de plus en plus fort, de plus en plus vite.

Il faut voir la figure effarée que font tous les
assistants ! Obligés de suivre à la mimique du prêtre
cette messe dont ils n'entendent pas un mot, les
uns se lèvent quand les autres s'agenouillent, s'as-
seyent quand les autres sont debout, et toutes les
phases de ce singulier office se confondent sur les

bancs dans une foule d'attitudes diverses. L'étoile
de Noël en route dans les chemins du ciel, là-bas
vers la petite étable, pâlit d'épouvante en voyant
cette confusion...

« L'abbé va trop vite... On ne peut pas suivre »,
murmure la vieille douairière en agitant sa coiffe
avec égarement. Maître Arnoton, ses grandes
lunettes d'acier sur le nez, cherche dans son parois-
sien où diantre on peut bien en être. Mais au fond,
tous ces braves gens, qui eux aussi pensent à
réveillonner, ne sont pas fâchés que la messe aille
ce train de poste ; et quand dom Balaguère, la
figure rayonnante, se tourne vers l'assistance en
criant de toutes ses forces : *Ite missa est*, il n'y
a qu'une voix dans la chapelle pour lui répondre
un *Deo gratias* si joyeux, si entraînant, qu'on se
croirait déjà à table au premier toast du réveillon.

III

Cinq minutes après, la foule des seigneurs s'asseyait dans la grande salle, le chapelain au milieu
d'eux. Le château, illuminé du haut en bas, reten-
tissait de chants, de cris, de rires, de rumeurs ;
et le vénérable dom Balaguère plantait sa four-
chette dans une aile de gelinotte, noyant le remords

de son péché sous des flots de vin du pape et de
bon jus de viandes. Tant. il but et mangea, le
pauvre saint homme, qu'il mourut dans la nuit
d'une terrible attaque, sans avoir eu seulement
le temps de se repentir ; puis au matin il arriva
dans le ciel encore tout en rumeur des fêtes de la
nuit, et je vous laisse à penser comme il y fut reçu :

« Retire-toi de mes yeux, mauvais chrétien ! lui
dit le souverain Juge, notre maître à tous ; ta faute
est assez grande pour effacer toute une vie de
vertu... Ah ! tu m'as volé une messe de nuit... Eh
bien ! tu m'en payeras trois cents en place, et tu
n'entreras en paradis que quand tu auras célébré
dans ta propre chapelle ces trois cents messes de
Noël en présence de tous ceux qui ont péché par
ta faute et avec toi... »

... Et voilà la vraie légende de dom Balaguère
comme on la raconte au pays des olives. Aujour-
d'hui le château de Trinquelague n'existe plus,
mais la chapelle se tient encore droite tout en haut
du mont Ventoux, dans un bouquet de chênes
verts. Le vent fait battre sa porte disjointe, l'herbe
encombre le seuil ; il y a des nids aux angles de l'autel et dans l'embrasure des hautes croisées dont les
vitraux coloriés ont disparu depuis longtemps.
Cependant il paraît que tous les ans, à Noël, une

lumière surnaturelle erre parmi ces ruines, et qu'en allant aux messes et aux réveillons, les paysans aperçoivent ce spectre de chapelle éclairé de cierges invisibles qui brûlent au grand air, même sous la neige et le vent. Vous en rirez si vous voulez, mais un vigneron de l'endroit, nommé Garrigue, sans doute un descendant de Garrigou, m'a affirmé qu'un soir de Noël, se trouvant un peu en ribotte, il s'était perdu dans la montagne du côté de Trinquelague ; et voici ce qu'il avait vu... Jusqu'à onze heures, rien. Tout était silencieux, éteint, inanimé. Soudain, vers minuit, un carillon sonna tout en haut du clocher, un vieux, vieux carillon qui avait l'air d'être à dix lieues. Bientôt, dans le chemin qui monte, Garrigue vit trembler des feux, s'agiter des ombres indécises. Sous le porche de la chapelle on marchait, on chuchotait :

« Bonsoir, maître Arnoton !

— Bonsoir, bonsoir, mes enfants !... »

Quand tout le monde fut entré, mon vigneron, qui était très brave, s'approcha doucement, et regardant par la porte cassée eut un singulier spectacle. Tous ces gens qu'il avait vus passer étaient rangés autour du chœur, dans la nef en ruine, comme si les anciens bancs existaient encore. De belles dames en brocart avec des coiffes de dentelles, des seigneurs chamarrés du haut en bas, des paysans en jaquettes fleuries ainsi qu'en avaient nos grands-pères, tous l'air vieux, fané, poussiéreux, fatigué. De temps en temps des oiseaux de nuit, hôtes habituels de la chapelle, réveillés par toutes ces lumières, venaient rôder autour des cierges dont la flamme montait droite et vague comme si elle avait brûlé derrière une gaze ; et ce qui amusait beaucoup Garrigue, c'était un certain personnage à grandes lunettes d'acier, qui secouait à chaque instant sa haute perruque noire sur laquelle un de ces oiseaux se tenait droit tout empêtré en battant silencieusement des ailes...

Dans le fond, un petit vieillard de taille enfantine, à genoux au milieu du chœur, agitait désespérément une sonnette sans grelot et sans voix, pendant qu'un prêtre, habillé de vieil or, allait, venait devant l'autel en récitant des oraisons dont on n'entendait pas un mot... Bien sûr c'était dom Balaguère, en train de dire sa troisième messe basse.

LE PAPE EST MORT

J'AI passé mon enfance dans une grande ville de province coupée en deux par une rivière très encombrée, très remuante, où j'ai pris de bonne heure le goût des voyages et la passion de la vie sur l'eau. Il y a surtout un coin de quai, près d'une certaine passerelle Saint-Vincent, auquel je ne pense jamais, même aujourd'hui, sans émotion. Je revois l'écriteau cloué au bout d'une vergue : *Cornet, bateaux de louage*, le petit escalier qui s'enfonçait dans l'eau, tout glissant et noirci de mouillure, la flottille de petits canots fraîchement peints de couleurs vives s'alignant au bas de l'échelle, se balançant doucement bord à bord, comme allégés par les jolis noms qu'ils portaient à leur arrière en lettres blanches : *l'Oiseau-Mouche, l'Hirondelle*.

Puis, parmi les longs avirons reluisants de céruse qui étaient en train de sécher contre le talus, le père Cornet s'en allant avec son seau à peinture, ses grands pinceaux, sa figure tannée, crevassée,

ridée de mille petites fossettes comme la rivière
un soir de vent frais... Oh ! ce père Cornet. Ç'a été
le satan de mon enfance, ma passion douloureuse,
mon péché, mon remords. M'en a-t-il fait commettre
des crimes avec ses canots ! Je manquais l'école,
je vendais mes livres. Qu'est-ce que je n'aurais pas
vendu pour une après-midi de canotage !

Tous mes cahiers de classe au fond du bateau, la
veste à bas, le chapeau en arrière, et dans les cheveux le bon coup d'éventail de la brise d'eau, je
tirais ferme sur mes rames, en fronçant les sourcils
pour bien me donner la tournure d'un vieux loup
de mer. Tant que j'étais en ville, je tenais le milieu
de la rivière, à égale distance des deux rives, où le
vieux loup de mer aurait pu être reconnu. Quel
triomphe de me mêler à ce grand mouvement de
barques, de radeaux, de trains de bois, de mouches
à vapeur qui se côtoyaient, s'évitaient, séparés
seulement par un mince liséré d'écume ! Il y avait
de lourds bateaux qui tournaient pour prendre le
courant, et cela en déplaçait une foule d'autres.

Tout à coup les roues d'un vapeur battaient
l'eau près de moi ; ou bien une ombre lourde
m'arrivait dessus, c'était l'avant d'un bateau de
pommes.

« Gare donc, moucheron ! » me criait une voix

enrouée ; et je suais, je me débattais, empêtré
dans le va-et-vient de cette vie du fleuve que la
vie de la rue traversait incessamment par tous
ces ponts, toutes ces passerelles qui mettaient des
reflets d'omnibus sous la coupe des avirons. Et
le courant si dur à la pointe des arches, et les remous, les tourbillons, le fameux trou de la *Mort-
qui-trompe* ! Pensez que ce n'était pas une petite
affaire de se guider là dedans avec des bras de
douze ans et personne pour tenir la barre.

Quelquefois j'avais la chance de rencontrer la
chaîne. Vite je m'accrochais tout au bout de ces
longs trains de bateaux qu'elle remorquait, et,
les rames immobiles, étendues comme des ailes
qui planent, je me laissais aller à cette vitesse
silencieuse qui coupait la rivière en longs rubans
d'écume et faisait filer des deux côtés les arbres,
les maisons du quai. Devant moi, loin, bien loin,
j'entendais le battement monotone de l'hélice,
un chien qui aboyait sur un des bateaux de la
remorque, où montait d'une cheminée basse un
petit filet de fumée ; et tout cela me donnait
l'illusion d'un grand voyage, de la vraie vie de
bord.

Malheureusement, ces rencontres de la *chaîne*
étaient rares. Le plus souvent il fallait ramer et

ramer aux heures de soleil. Oh ! les pleins midis
tombant d'aplomb sur la rivière, il me semble
qu'ils me brûlent encore. Tout flambait, tout miroi-
tait. Dans cette atmosphère aveuglante et sonore
qui flotte au-dessus des vagues et vibre à tous leurs
mouvements, les courts plongeons de mes rames,
les cordes des haleurs soulevées de l'eau toutes
ruisselantes faisaient passer des lumières vives
d'argent poli. Et je ramais en fermant les yeux.
Par moment, à la vigueur de mes efforts, à l'élan
de l'eau sous ma barque, je me figurais que j'allais
très vite ; mais en relevant la tête, je voyais
toujours le même arbre, le même mur en face de
moi sur la rive.

Enfin, à force de fatigues, tout moite et rouge
de chaleur, je parvenais à sortir de la ville. Le vacarme des bains froids, des bateaux de blanchis-
seuses, des pontons d'embarquement diminuait.
Les ponts s'espaçaient sur la rive élargie. Quelques jardins de faubourg, une cheminée d'usine,
s'y reflétaient de loin en loin. A l'horizon tremblaient des îles vertes. Alors, n'en pouvant plus,
je venais me ranger contre la rive, au milieu des
roseaux tout bourdonnants ; et là, abasourdi par
le soleil, la fatigue, cette chaleur lourde qui montait de l'eau étoilée de larges fleurs jaunes, le vieux

loup de mer se mettait à saigner du nez pendant des heures. Jamais mes voyages n'avaient un autre dénoûment. Mais que voulez-vous ? Je trouvais cela délicieux.

Le terrible, par exemple, c'était le retour, la rentrée. J'avais beau revenir à toutes rames, j'arrivais toujours trop tard, longtemps après la sortie des classes. L'impression du jour qui tombe, les premiers becs de gaz dans le brouillard, la retraite, tout augmentait mes transes, mon remords. Les gens qui passaient, rentrant chez eux bien tranquilles, me faisaient envie ; et je courais la tête lourde, pleine de soleil et d'eau, avec des ronflements de coquillages au fond des oreilles, et déjà sur la figure le rouge du mensonge que j'allais dire.

Car il en fallait un chaque fois pour faire tête à ce terrible « d'où viens-tu ? » qui m'attendait en travers de la porte. C'est cet interrogatoire de l'arrivée qui m'épouvantait le plus. Je devais répondre là, sur le palier, au pied levé, avoir toujours une histoire prête, quelque chose à dire, et de si étonnant, de si renversant, que la surprise coupât court à toutes les questions. Cela me donnait le temps d'entrer, de reprendre haleine ; et pour en arriver là, rien ne me coûtait. J'inventais des sinis-

tres, des révolutions, des choses terribles, tout un
côté de la ville qui brûlait, le pont du chemin de
fer s'écroulant dans la rivière. Mais ce que je trouvai encore de plus fort, le voici :

Ce soir-là, j'arrivai très en retard. Ma mère,
qui m'attendait depuis une grande heure, guettait,
debout, en haut de l'escalier.

« D'où viens-tu ? » me cria-t-elle.

Dites-moi ce qu'il peut tenir de diableries dans
une tête d'enfant. Je n'avais rien trouvé, rien
préparé. J'étais venu trop vite... Tout à coup il
me passa une idée folle. Je savais la chère femme
très pieuse, catholique enragée comme une Ro-
maine, et je lui répondis dans tout l'essoufflement
d'une grande émotion :

« O maman... Si vous saviez !...

— Quoi donc ?... Qu'est-ce qu'il y a encore ?...

— Le pape est mort.

— Le pape est mort !... » fit la pauvre mère, et
elle s'appuya toute pâle contre la muraille. Je
passai vite dans ma chambre, un peu effrayé de
mon succès et de l'énormité du mensonge ; pourtant, j'eus le courage de le soutenir jusqu'au bout.
Je me souviens d'une soirée funèbre et douce ;
le père très grave, la mère atterrée... On causait
bas autour de la table. Moi, je baissais les yeux ;

mais mon escapade s'était si bien perdue dans la désolation générale que personne n'y pensait plus.

Chacun citait à l'envi quelque trait de vertu de ce pauvre Pie IX ; puis, peu à peu, la conversation s'égarait à travers l'histoire des papes. Tante Rose parla de Pie VII, qu'elle se souvenait très bien d'avoir vu passer dans le Midi, au fond d'une chaise de poste, entre des gendarmes. On rappela la fameuse scène avec l'empereur : *Commediante !...* *tragediante !...* C'était bien la centième fois que je l'entendais raconter, cette terrible scène, toujours avec les mêmes intonations, les mêmes gestes, et ce stéréotypé des traditions de famille qu'on se lègue et qui restent là, puériles et locales, comme des histoires de couvent.

C'est égal, jamais elle ne m'avait paru si intéressante.

Je l'écoutais avec des soupirs hypocrites, des questions, un air de faux intérêt, et tout le temps je me disais :

« Demain matin, en apprenant que le pape n'est pas mort, ils seront si contents que personne n'aura le courage de me gronder. »

Tout en pensant à cela, mes yeux se fermaient malgré moi, et j'avais des visions de petits bateaux peints en bleu, avec des coins de Saône alourdis par la chaleur, et de grandes pattes d'*argyronètes* courant dans tous les sens et rayant l'eau vitreuse, comme des pointes de diamant.

PAYSAGES GASTRONOMIQUES

LA BOUILLABAISSE

NOUS longions les côtes de Sardaigne, vers l'île de la Madeleine. Une promenade matinale. Les rameurs allaient lentement, et penché sur le bord je voyais la mer, transparente comme une source, traversée de soleil jusqu'au fond. Des méduses, des étoiles de mer s'étalaient parmi les mousses marines. De grosses langoustes dormaient immobiles en abaissant leurs longues cornes sur le sable fin. Tout cela vu à dix-huit ou vingt pieds de profondeur, dans je ne sais quelle facticité d'aquarium en cristal. A l'avant de la barque, un pêcheur debout, un long roseau fendu à la main, faisait signe aux rameurs : « piano... piano... » et tout à coup, entre les pointes de sa fourche, tenait suspendue une belle langouste qui allongeait ses pattes avec un effroi encore plein de sommeil. Près de moi, un autre marin laissait tomber sa ligne à fleur d'eau dans le sillage et ramenait des petits poissons merveilleux qui se coloraient en mourant de mille nuances vives et changeantes. Une agonie vue à travers un prisme.

La pêche finie, on aborda parmi les hautes roches grises. Le feu fut vite allumé, pâle dans le grand soleil ; de larges tranches de pain coupées sur de petites assiettes de terre rouge, et l'on était là autour de la marmite, l'assiette tendue, la narine ouverte... Était-ce le paysage, la lumière, cet horizon de ciel et d'eau ? Mais je n'ai jamais rien mangé de meilleur que cette bouillabaisse de langoustes. Et quelle bonne sieste ensuite sur le sable ! un sommeil tout plein du bercement de la mer, où les mille écailles luisantes des petites vagues papillotaient encore aux yeux fermés.

L'AIOLI

On se serait cru dans la cabane d'un pêcheur de Théocrite, au bord de la mer de Sicile. C'était simplement en Provence, dans l'île de Camargue, chez un garde-pêche. Une cabane de roseaux, des filets pendus au mur, des rames, des fusils, quelque chose comme l'attirail d'un trappeur, d'un chasseur de terre et d'eau. Devant la porte, encadrant un grand paysage de plaine, agrandi encore par le

vent, la femme du garde dépouillait de belles anguilles toutes vives. Les poissons se tordaient au
soleil ; et là-bas, dans la lumière blanche des coups
de vent, des arbres grêles se courbaient, avaient
l'air de fuir, montrant le côté pâle de leurs feuilles.
Des marécages luisaient de place en place entre
les roseaux, comme les fragments d'un miroir
brisé. Plus loin encore, une grande ligne étincelante
fermait l'horizon ; c'était l'étang de Vaccarès.

Dans l'intérieur de la cabane où brillait un feu
de sarments tout en pétillement et en clarté, le
garde pilait religieusement les gousses d'ail dans
un mortier en y laissant tomber l'huile d'olive
goutte à goutte. Nous avons mangé l'*aioli* autour
de nos anguilles, assis sur de hauts escabeaux devant la petite table de bois, dans cette étroite
cabane où la plus grande place était tenue par
l'échelle montant à la soupente. Autour de la
chambre si petite on devinait un horizon immense
traversé de coups de vent, de vols hâtés d'oiseaux
en voyage ; et l'espace environnant pouvait se
mesurer aux sonnailles des troupeaux de chevaux
et de bœufs, tantôt retentissantes et sonores,
tantôt diminuées dans l'éloignement et n'arrivant
plus que comme des notes perdues, enlevées dans
un coup de mistral.

LE KOUSSKOUSS

C'était en Algérie, chez un aga de la plaine du
Chélif. De la grande tente seigneuriale installée
pour nous devant la maison de l'aga, nous voyions
descendre une nuit de demi-deuil, d'un noir violet
où se fonçait la pourpre d'un couchant magnifique ;
dans la fraîcheur de la soirée, au milieu de la tente
entr'ouverte, un chandelier kabyle en bois de pal-
mier levait au bout de ses branches une flamme
immobile qui attirait des insectes de nuit, des
frôlements d'ailes peureuses. Accroupis tout autour
sur des nattes, nous mangions silencieusement :
c'étaient des moutons entiers, tout ruisselants de
beurre, qu'on apportait au bout d'une perche, des
pâtisseries au miel, des confitures musquées, et
enfin un grand plat de bois où des poulets s'étalaient dans la semoule dorée du kousskouss.

Pendant ce temps-là, la nuit était venue. Sur
les collines environnantes, la lune se levait, un
petit croissant oriental où s'enfermait une étoile.
Un grand feu flambait en plein air devant la tente,
entouré de danseurs et de musiciens. Je me souviens d'un nègre gigantesque, tout nu sous une
ancienne tunique des régiments de léger, qui bon-
dissait en faisant courir des ombres sur toute la

toile... Cette danse de cannibale, ces petits tambours arabes haletant sous la mesure précipitée, les aboiements aigus des chacals qui se répondaient de tous les coins de la plaine ; on se sentait en plein pays sauvage. Cependant à l'intérieur de la tente, — cet abri des tribus nomades qui ressemble à une voile fixe sur un élément immobile, — l'aga dans ses bournous de laine blanche me semblait une apparition des temps primitifs, et pendant qu'il mangeait son kousskouss gravement, je pensais que le plat national arabe pourrait bien être cette manne miraculeuse des Hébreux dont il est parlé dans la Bible.

LA POLENTA

La côte Corse, un soir de novembre. — Nous abordons sous la grande pluie dans un pays complètement désert. Des charbonniers Lucquois nous font une place à leur feu ; puis un berger indigène, une espèce de sauvage tout habillé de peau de bouc, nous invite à venir manger la *polenta* dans sa cabane. Nous entrons, courbés, rapetissés, dans une hutte où l'on ne peut se tenir debout. Au milieu, des brins de bois vert s'allument entre quatre pierres noires. La fumée qui s'échappe de là monte vers le trou percé à la hutte, puis se répand partout,

rabattue par la pluie et le vent. Une petite lampe —
le *caleil* provençal — ouvre un œil timide dans cet
air étouffé. Une femme, des enfants apparaissent
de temps en temps quand la fumée s'éclaircit, et
tout au fond un porc grogne. On distingue des débris
de naufrage, un banc fait de morceaux de navires,
une caisse de bois avec des lettres de roulage, une
tête de sirène en bois peint arrachée à quelque
proue, toute lavée d'eau de mer.

La *polenta* est affreuse. Les châtaignes mal
écrasées ont un goût moisi ; on dirait qu'elles ont
séjourné longtemps sous les arbres, en pleine pluie.
Le *bruccio* national vient après, avec son goût
sauvage qui fait rêver de chèvres vagabondes...
Nous sommes ici en pleine misère italienne. Pas de
maison, l'abri. Le climat est si beau, la vie si
facile ! Rien qu'une niche pour les jours de grande
pluie. Et alors qu'importe la fumée, la lampe mourante, puisqu'il est convenu que le toit c'est la
prison et qu'on ne vit bien qu'en plein soleil ?

LA MOISSON AU BORD DE
LA MER

NOUS courions depuis le matin à travers la
plaine, cherchant la mer qui nous fuyait
toujours dans ces méandres, ces caps, ces presqu'îles
que forment les côtes de Bretagne.

De temps en temps un coin bleu-marine s'ouvrait à l'horizon, comme une échappée de ciel plus
sombre et plus mouvant ; mais le hasard de ces
routes tortueuses qui font rêver d'embuscades et
de chouannerie refermait vite la vision entrevue.
Nous étions arrivés ainsi dans un petit village vieux
et rustique, aux rues sombres, étroites à la façon
des rues algériennes, encombrées de fumier, d'oies,
de bœufs, de pourceaux. Les maisons ressemblaient
à des huttes avec leurs portes basses, ogivales, en-
cerclées de blanc, marquées de croix à la chaux, et
leurs volets assujettis par cette longue barre trans-
versale qu'on ne voit que dans les pays de grand
vent. Il avait pourtant l'air bien abrité, bien

étouffé, bien calme, le petit bourg breton. On se
serait cru à vingt lieues dans l'intérieur des terres.
Tout à coup, en débouchant sur la place de l'église,
nous nous trouvons entourés d'une lumière
éblouissante, d'une prise d'air gigantesque, d'un
bruit de flots illimité. C'était l'Océan, l'Océan
immense, infini, et son odeur fraîche et salée, et
ce grand coup d'éventail que la marée montante
dégage de chaque vague dans son élan. Le village
s'avance, se dresse au bord du quai, la jetée con-
tinuant la rue jusqu'au bout d'un petit port où
sont amarrées quelques barques de pêche. L'église
dresse son clocher en vigie près des flots, et autour
d'elle, dernière limite de ce coin de terre, le cimetière met des croix penchées, des herbes folles, et
son mur bas tout effrité où s'appuient des bancs
de pierre.

On ne peut vraiment rien trouver de plus délicieux, de plus retiré que ce petit village perdu
au milieu des roches, intéressant par son double
côté marin et pastoral. Tous pêcheurs ou labou-
reurs, les gens d'ici ont l'abord rude, peu engageant.
Ils ne vous invitent pas à rester chez eux, au contraire. Peu à peu pourtant ils s'humanisent, et
l'on est étonné de voir sous ces durs accueils des
êtres naïfs et bons. Ils ressemblent bien à leur pays,

à ce sol rocailleux et résistant, si minéral, que les
routes — même au soleil — prennent une teinte
noire pailletée d'étincelles de cuivre ou d'étain.
La côte qui met à nu ce terrain pierreux est
austère, farouche, hérissée. Ce sont des éboule-
ments, des falaises à pic, des grottes creusées
par la lame, où elle s'engouffre et mugit. Lorsque
la marée se retire, on voit des écueils à perte
de vue sortant des flots leurs dos de monstres, tout
reluisants et blanchis d'écume, comme des cacha-
lots gigantesques échoués.

Par un contraste singulier, à deux pas seulement
du rivage, des champs de blé, de vigne ou de lu-
zerne, s'étendent coupés, séparés par des petits
murs hauts comme des haies et verts de ronces.
L'œil fatigué du vertige des hautes falaises, de ces
abîmes où l'on descend avec des cordes scellées
dans la pierre, des brisants écumeux, trouve un
repos au milieu de l'uniformité des plaines, de la
nature intime et familière. Le moindre détail
rustique s'agrandit sur le fond glauque de la mer
toujours présente au détour des sentiers, dans
l'entre-deux des toits, l'ébréchement des murs, au
fond d'une ruelle. Le chant des coqs semble plus
clair, entouré de plus d'espace. Mais ce qui est
vraiment beau, c'est l'amoncellement des moissons

au bord de la mer, les meules dorées au-dessus des
flots bleus, les aires où tombent les fléaux en
mesure, et ces groupes de femmes sur les rochers
à pic, prenant la direction de l'air et vannant le
blé entre leurs mains levées, avec des gestes d'évo-
cation. Les grains tombent en pluie régulière et
drue, tandis que le vent de la mer emporte la paille
et la fait tourbillonner. On vanne sur la place
de l'église, sur le quai, jusque sur la jetée, où
de grands filets de pêche sont étendus, en train
de sécher leurs mailles entremêlées de plantes
d'eau.

Pendant ce temps-là une autre moisson se fait
aussi, mais au bas des roches, dans cet espace
neutre que la marée envahit et découvre tour à
tour. C'est la récolte du goëmon. Chaque lame, en
déferlant sur le rivage, laisse sa trace en une ligne
ondulée de végétations marines, goëmon ou varech.
Lorsque le vent souffle, les algues courent en
bruissant le long de la plage, et aussi loin que la
mer se retire sur les roches, ces longues chevelures
mouillées se plaquent et s'étalent. On les recueille
par lourdes gerbes et on les amoncelle sur la côte
en meules sombres, violacées, gardant toutes les
teintes du flot, avec des irisements bizarres de
poisson qui meurt ou de plante qui se fane. Quand

la meule est sèche, on la brûle et on en tire de la soude.

Cette moisson singulière se fait les jambes nues, à la marée descendante, parmi ces mille petits lacs si limpides que la mer en se retirant laisse à sa place. Hommes, femmes, enfants s'engagent entre les roches glissantes, armés d'immenses râteaux. Sur leur passage, les crabes effarés se sauvent, s'embusquent, s'aplatissent, tendent leurs pinces, et les chevrettes transparentes se perdent dans la couleur de l'eau troublée. Le goëmon ramené, amassé, est chargé sur des charrettes attelées de bœufs sous le joug, qui traversent péniblement, la tête basse, le terrain accidenté. De quelque côté qu'on se tourne, on aperçoit de ces attelages. Parfois, à des endroits presque inaccessibles, où on arrive par des sentiers abrupts, un homme apparaît conduisant par la bride un cheval chargé de plantes tombantes et ruisselantes. Vous voyez aussi des enfants transporter sur des bâtons croisés en brancards leur glane de cette moisson marine. Tout cela forme un tableau mélancolique et saisissant. Les goëlands épouvantés volent en criant autour de leurs œufs. La menace de la mer est là, et ce qui achève de solenniser ce spectacle, c'est que, pendant cette récolte faite

aux sillons de la vague comme pendant la moisson
de terre, le silence plane, un silence actif, plein
de l'effort d'un peuple en face de la nature avare
et rebelle. Un appel aux bœufs, un « trrr » aigu
qui sonne dans les grottes, voilà tout ce qu'on
entend. Il semble qu'on traverse une communauté
de trappistes, un de ces couvents où l'on travaille
en plein air avec une loi de silence perpétuel. Les
conducteurs ne se retournent pas même pour
vous regarder passer, et les bœufs seuls vous
fixent d'un gros œil immobile. Pourtant ce peuple
n'est pas triste, et, le dimanche venu, il sait bien
s'égayer et danser les vieilles rondes bretonnes.
Le soir, vers huit heures, on se réunit au bord du
quai devant l'église et le cimetière. Ce mot de cimetière a quelque chose d'effrayant, mais l'endroit,
si vous le voyiez, ne vous effraierait pas. Pas de
buis, ni d'ifs, ni de marbres ; rien de convenu ni de
solennel. Seulement des croix dressées où les mêmes
noms se répètent plusieurs fois comme dans tous
les petits pays dont les habitants sont alliés,
l'herbe haute partout pareille, et des murs si bas,
que les enfants y grimpent dans leurs jeux et que
les jours d'enterrement on voit du dehors l'assistance agenouillée.

Au pied de ces petits murs, les vieux viennent

s'asseoir au soleil pour filer ou dormir entre l'enclos inculte et silencieux et l'éternité voyageuse de la mer...

C'est là devant que la jeunesse vient danser le dimanche soir. Pendant qu'un peu de lumière monte encore des vagues au long de la jetée, les groupes de filles et de garçons se rapprochent. Les rondes se forment, et une voix grêle part d'abord toute seule sur un rhythme simple qui appelle le chœur après lui :

C'est dans la cour du Plat-d'Étain...

Toutes les voix redisent ensemble :

C'est dans la cour du Plat-d'Étain...

La ronde s'anime, les cornettes blanches tournoient, s'entr'ouvrant sur les côtés comme des ailes de papillon. Presque toujours le vent de la mer emporte la moitié des paroles :

... perdu mon serviteur...
... portera mes couleurs...

La chanson en paraît encore plus naïve et charmante, entendue par fragments, avec des élisions bizarres telles qu'en renferment les chansons de pays composées en dansant, plus soucieuses du

rhythme que du sens des mots. Sans autre lumière
qu'un vague rayon de lune, la danse semble fantastique. Tout est gris, noir ou blanc, dans une neu-
tralité de teinte qui accompagne les choses rêvées
plutôt que les choses vues. Peu à peu, à mesure
que la lune monte, les croix du cimetière, celle
du grand calvaire qui est au coin, s'allongent, re-
joignent la ronde et s'y mêlent... Enfin dix heures
sonnent. On se sépare. Chacun rentre chez soi par
les ruelles du village d'un aspect étrange en ce
moment. Les marches ébréchées des escaliers ex-
térieurs, les coins de toit, les hangars ouverts où
la nuit entre toute noire et compacte se penchent,
se contournent, se tassent. On longe de vieilles
murailles frôlées de figuiers énormes ; et pendant
qu'on écrase en marchant la paille vide du blé battu,
l'odeur de la mer se mêle au parfum chaud de la
moisson et des étables endormies.

La maison que nous habitons est dans la campagne, un peu hors du village. Sur la route, en revenant, nous apercevons à la pointe des haies des
lumières de phares luire de tous les côtés de la
presqu'île, un phare à éclat, un feu tournant, un
feu fixe ; et comme on ne voit pas l'Océan, toutes
ces vigies des noirs écueils semblent perdues dans
la campagne paisible.

LES ÉMOTIONS D'UN PERDREAU ROUGE

VOUS savez que les perdreaux vont par bandes, se nichent ensemble aux creux des sillons pour s'enlever à la moindre alerte, éparpillés dans la volée comme une poignée de grains qu'on sème. Notre compagnie à nous est gaie et nombreuse, établie en plaine sur la lisière d'un grand bois, ayant du butin et de beaux abris de deux côtés. Aussi, depuis que je sais courir, bien emplumé, bien nourri, je me trouvais très heureux de vivre. Pourtant quelque chose m'inquiétait un peu, c'était cette fameuse ouverture de la chasse dont nos mères commençaient à parler tout bas entre elles. Un ancien de notre compagnie me disait toujours à ce propos :

— « N'aie pas peur, Rouget — on m'appelle Rouget à cause de mon bec et de mes pattes couleur de sorbe — n'aie pas peur, Rouget. Je te

prendrai avec moi le jour de l'ouverture et je suis
sûr qu'il ne t'arrivera rien. »

C'est un vieux coq très malin et encore alerte,
quoiqu'il ait le *fer à cheval* déjà marqué sur la poitrine et quelques plumes blanches par-ci par-là.
Tout jeune, il a reçu un grain de plomb dans
l'aile, et comme cela l'a rendu un peu lourd,
il y regarde à deux fois avant de s'envoler, prend
son temps, et se tire d'affaire. Souvent il m'emmenait avec lui jusqu'à l'entrée du bois. Il y a
là une singulière petite maison, nichée dans les
châtaigniers, muette comme un terrier vide, et
toujours fermée.

— « Regarde bien cette maison, petit, me disait
le vieux ; quand tu verras de la fumée monter du
toit, le seuil et les volets ouverts, ça ira mal pour
nous. »

Et moi je me fiais à lui, sachant bien qu'il n'en
était pas à sa première ouverture.

En effet, l'autre matin, au petit jour, j'entends
qu'on rappelait tout bas dans le sillon...

« Rouget, Rouget. »

C'était mon vieux coq. Il avait des yeux extraordinaires.

« Viens vite, me dit-il, et fais comme moi. »

Je le suivis, à moitié endormi, en me coulant

entre les mottes de terre, sans voler, sans presque
sauter, comme une souris. Nous allions du côté
du bois ; et je vis, en passant, qu'il y avait de la
fumée à la cheminée de la petite maison, du jour
aux fenêtres, et devant la porte grande ouverte
des chasseurs tout équipés, entourés de chiens
qui sautaient. Comme nous passions, un des
chasseurs cria :

« Faisons la plaine ce matin, nous ferons le bois
après déjeuner. »

Alors je compris pourquoi mon vieux compagnon nous emmenait d'abord sous la futaie. Tout
de même le cœur me battait, surtout en pensant à
nos pauvres amis.

Tout à coup, au moment d'atteindre la
lisière, les chiens se mirent à galoper de notre
côté...

« Rase-toi, rase-toi », me dit le vieux en se baissant ; en même temps, à dix pas de nous, une caille
effarée ouvrit ses ailes et son bec tout grands, et
s'envola avec un cri de peur. J'entendis un bruit
formidable et nous fûmes entourés par une poussière d'une odeur étrange, toute blanche et toute
chaude, bien que le soleil fût à peine levé. J'avais
si peur que je ne pouvais plus courir. Heureusement nous entrions dans le bois. Mon camarade

se blottit derrière un petit chêne, je vins me mettre près de lui, et nous restâmes là cachés, à regarder entre les feuilles.

Dans les champs, c'était une terrible fusillade. A chaque coup, je fermais les yeux, tout étourdi ; puis, quand je me décidais à les ouvrir, je voyais la plaine grande et nue, les chiens courant, furetant dans les brins d'herbe, dans les javelles, tournant sur eux-mêmes comme des fous. Derrière eux les chasseurs juraient, appelaient ; les fusils brillaient au soleil. Un moment, dans un petit nuage de fumée, je crus voir — quoiqu'il n'y eût aucun arbre alentour — voler comme des feuilles éparpillées. Mais mon vieux coq me dit que c'était des plumes ; et en effet, à cent pas devant nous, un superbe perdreau gris tombait dans le sillon en renversant sa tête sanglante.

Quand le soleil fut très chaud, très haut, la fusillade s'arrêta subitement. Les chasseurs revenaient vers la petite maison, où l'on entendait pétiller un grand feu de sarments. Ils causaient entre eux, le fusil sur l'épaule, discutaient les coups, pendant que leurs chiens venaient derrière, harassés, la langue pendante...

« Ils vont déjeuner, me dit mon compagnon, faisons comme eux. »

Et nous entrâmes dans un champ de sarrasin qui est tout près du bois, un grand champ blanc et noir, en fleur et en graine, sentant l'amande. De beaux faisans au plumage mordoré picotaient là, eux aussi, en baissant leurs crêtes rouges de peur d'être vus. Ah ! ils étaient moins fiers que d'habitude. Tout en mangeant, ils nous demandèrent des nouvelles et si l'un des leurs était déjà tombé. Pendant ce temps, le déjeuner des chasseurs, d'abord silencieux, devenait de plus en plus bruyant ; nous entendions choquer les verres et partir les bouchons des bouteilles. Le vieux trouva qu'il était temps de rejoindre notre abri.

A cette heure on aurait dit que le bois dormait. La petite mare où les chevreuils vont boire n'était troublée par aucun coup de langue. Pas un museau de lapin dans les serpolets de la garenne. On sentait seulement un frémissement mystérieux, comme si chaque feuille, chaque brin d'herbe abritait une vie menacée. Ces gibiers de forêt ont tant de cachettes, les terriers, les fourrés, les fagots, les broussailles, et puis des fossés, ces petits fossés de bois qui gardent l'eau si longtemps après qu'il a plu. J'avoue que j'aurais aimé être au fond d'un de ces trous-là ; mais mon compagnon préférait rester à découvert, avoir du large, voir de loin et

sentir l'air ouvert devant lui. Bien nous en prit, car
les chasseurs arrivaient sous le bois.

Oh ! ce premier coup de feu en forêt, ce coup de
feu qui trouait les feuilles comme une grêle d'avril
et marquait les écorces, jamais je ne l'oublierai.
Un lapin détala au travers du chemin en arrachant
des touffes d'herbe avec ses griffes tendues. Un
écureuil dégringola d'un châtaignier en faisant
tomber les châtaignes encore vertes. Il y eut deux
ou trois vols lourds de gros faisans et un tumulte
dans les branches basses, les feuilles sèches, au
vent de ce coup de fusil qui agita, réveilla, effraya
tout ce qui vivait dans le bois. Des mulots se coulaient au fond de leurs trous. Un cerf-volant, sorti
du creux de l'arbre contre lequel nous étions
blottis, roulait ses gros yeux bêtes, fixes de terreur.
Et puis des demoiselles bleues, des bourdons, des papillons, pauvres bestioles s'effarant de tous côtés.
Jusqu'à un petit criquet aux ailes écarlates qui
vint se poser tout près de mon bec ; mais j'étais
trop effrayé moi-même pour profiter de sa peur.

Le vieux, lui, était toujours aussi calme. Très
attentif aux aboiements et aux coups de feu, quand
ils se rapprochaient il me faisait signe, et nous allions un peu plus loin, hors de la portée des chiens
et bien cachés par le feuillage. Une fois pourtant

je crus que nous étions perdus. L'allée que nous devions traverser était gardée de chaque bout par un chasseur embusqué. D'un côté un grand gaillard à favoris noirs qui faisait sonner toute une ferraille à chacun de ses mouvements, couteau de chasse, cartouchière, boîte à poudre, sans compter de hautes guêtres bouclées jusqu'aux genoux et qui le grandissaient encore ; à l'autre bout un petit vieux, appuyé contre un arbre, fumait tranquillement sa pipe, en clignant des yeux comme s'il voulait dormir. Celui-là ne me faisait pas peur ; mais c'était ce grand là-bas...

— « Tu n'y entends rien, Rouget », me dit mon camarade en riant ; et sans crainte, les ailes toutes grandes, il s'envola presque dans les jambes du terrible chasseur à favoris.

Et le fait est que le pauvre homme était si empêtré dans tout son attirail de chasse, si occupé à s'admirer du haut en bas, que lorsqu'il épaula son fusil nous étions déjà hors de portée. Ah ! si les chasseurs savaient, quand ils se croient seuls à un coin de bois, combien de petits yeux fixes les guettent des buissons, combien de petits becs pointus se retiennent de rire à leur maladresse !...

Nous allions, nous allions toujours. N'ayant rien de mieux à faire qu'à suivre mon vieux com

pagnon, mes ailes battaient au vent des siennes
pour se replier immobiles aussitôt qu'il se posait.
J'ai encore dans les yeux tous les endroits où nous
avons passé : la garenne rose de bruyères, pleine
de terriers au pied des arbres jaunes, avec ce grand
rideau de chênes où il me semblait voir la mort
cachée partout. la petite allée verte où ma mère
Perdrix avait promené tant de fois sa nichée
au soleil de mai. où nous sautions tout en piquant
les fourmis rouges qui nous grimpaient aux pattes,
où nous rencontrions des petits faisans farauds,
lourds comme des poulets, et qui ne voulaient pas
jouer avec nous.

Je la vis comme dans un rêve ma petite allée,
au moment où une biche la traversait, haute sur
ses pattes menues, les yeux grands ouverts et
prête à bondir. Puis la mare où l'on vient en partie
par quinze ou trente. tous du même vol, levés de
la plaine en une minute, pour boire à l'eau de la
source et s'éclabousser de gouttelettes qui roulent
sur le lustre des plumes... Il y avait au milieu de
cette mare un bouquet d'aulnettes très fourré,
c'est dans cet îlot que nous nous réfugiâmes. Il
aurait fallu que les chiens eussent un fameux nez
pour venir nous chercher là. Nous y étions depuis
un moment, lorsqu'un chevreuil arriva, se traînant

sur trois pattes et laissant une trace rouge sur les mousses derrière lui. C'était si triste à voir que je cachai ma tête sous les feuilles ; mais j'entendais le blessé boire dans la mare en soufflant, brûlé de fièvre...

Le jour tombait. Les coups de fusil s'éloignaient, devenaient plus rares. Puis tout s'éteignit... C'était fini. Alors nous revînmes tout doucement vers la plaine, pour avoir des nouvelles de notre compagnie. En passant devant la petite maison du bois, je vis quelque chose d'épouvantable.

Au rebord d'un fossé, les lièvres au poil roux, les petits lapins gris à queue blanche, gisaient à côté les uns des autres. C'était des petites pattes jointes par la mort, qui avaient l'air de demander grâce, des yeux voilés qui semblaient pleurer : puis des perdrix rouges, des perdreaux gris, qui avaient le *fer à cheval* comme mon camarade, et des jeunes de cette année qui avaient encore comme moi du duvet sous leurs plumes. Savez-vous rien de plus triste qu'un oiseau mort ? C'est si vivant, des ailes ! De les voir repliées et froides, ça fait frémir... Un grand chevreuil superbe et calme paraissait endormi, sa petite langue rose dépassant la bouche comme pour lécher encore.

Et les chasseurs étaient là, penchés sur cette

tuerie, comptant et tirant vers leurs carniers les pattes sanglantes, les ailes déchirées, sans respect pour toutes ces blessures fraîches. Les chiens, attachés pour la route, fronçaient encore leurs babines en arrêt, comme s'ils s'apprêtaient à s'élancer de nouveau dans les taillis.

Oh! pendant que le grand soleil se couchait là-bas et qu'ils s'en allaient tous, harassés, allongeant leurs ombres sur les mottes de terre et les sentiers humides de la rosée du soir, comme je les maudissais, comme je les détestais, hommes et bêtes, toute la bande!... Ni mon compagnon ni moi n'avions le courage de jeter comme à l'ordinaire une petite note d'adieu à ce jour qui finissait.

Sur notre route nous rencontrions de malheureuses petites bêtes, abattues par un plomb de hasard, et restant là abandonnées aux fourmis, des mulots, le museau plein de poussière, des pies, des hirondelles foudroyées dans leur vol, couchées sur le dos et tendant leurs petites pattes roides vers la nuit qui descendait vite comme elle fait en automne, claire, froide et mouillée. Mais le plus navrant de tout, c'était d'entendre, à la lisière du bois, au bord du pré, et là-bas dans l'oseraie de la rivière, les appels anxieux, tristes, disséminés, auxquels rien ne répondait.

LE MIROIR

DANS le Nord, au bord du Niémen, est arrivée une petite créole de quinze ans, blanche et rose comme une fleur d'amandier. Elle vient du pays des colibris, c'est le vent de l'amour qui l'apporte... Ceux de son île lui disaient : « Ne pars pas, il fait froid sur le continent... L'hiver te fera mourir. » Mais la petite créole ne croyait pas à l'hiver et ne connaissait le froid que pour avoir pris des sorbets ; puis elle était amoureuse, elle n'avait pas peur de mourir... Et maintenant la voilà qui débarque là-haut dans les brouillards du Niémen, avec ses éventails, son hamac, ses mousti-quaires et une cage en treillis doré pleine d'oiseaux de son pays.

Quand le vieux père Nord a vu venir cette fleur des îles que le Midi lui envoyait dans un rayon, son cœur s'est ému de pitié ; et comme il pensait bien que le froid ne ferait qu'une bouchée de la fillette et de ses colibris, il a vite allumé son gros soleil

jaune et s'est habillé d'été pour les recevoir... La
créole s'y est trompée : elle a pris cette chaleur
du Nord, brutale et lourde, pour une chaleur
de durée, cette éternelle verdure noire pour de la
verdure de printemps, et suspendant son hamac
au fond du parc entre deux sapins, tout le jour elle
s'évente, elle se balance.

« Mais il fait très chaud dans le Nord », dit-
elle en riant. Pourtant quelque chose l'inquiète.
Pourquoi, dans cet étrange pays, les maisons n'ont-
elles pas de vérandahs ? Pourquoi ces murs épais,
ces tapis, ces lourdes tentures ? Ces gros poêles
en faïence, et ces grands tas de bois qu'on empile
dans les cours, et ces peaux de renards bleus, ces
manteaux doublés, ces fourrures qui dorment au
fond des armoires ; à quoi tout cela peut-il servir ?...
Pauvre petite, elle va le savoir bientôt.

Un matin, en s'éveillant, la petite créole se sent
prise d'un grand frisson. Le soleil a disparu, et
du ciel noir et bas, qui semble dans la nuit s'être
rapproché de terre, il tombe par flocons une pe-
luche blanche et silencieuse comme sous les coton-
niers... Voilà l'hiver ! voilà l'hiver ! Le vent siffle,
les poêles ronflent. Dans leur grande cage en treillis
doré, les colibris ne gazouillent plus. Leurs petites
ailes bleues, roses, rubis, vert de mer, restent

immobiles, et c'est pitié de les voir se serrer les uns contre les autres, engourdis et bouffis par le froid, avec leurs becs fins et leurs yeux en tête d'épingle. Là-bas, au fond du parc, le hamac grelotte plein de givre, et les branches des sapins sont en verre filé... La petite créole a froid, elle ne veut plus sortir.

Pelotonnée au coin du feu comme un de ses oiseaux, elle passe son temps à regarder la flamme et se fait du soleil avec ses souvenirs. Dans la grande cheminée lumineuse et brûlante, elle revoit tout son pays : les larges quais pleins de soleil avec le sucre brun des cannes qui ruisselle, et les grains de maïs flottant dans une poussière dorée, puis les siestes d'après-midi, les stores clairs, les nattes de paille, puis les soirs d'étoiles, les mouches enflammées, et des millions de petites ailes qui bourdonnent entre les fleurs et dans les mailles de tulle des moustiquaires.

Et tandis qu'elle rêve ainsi devant la flamme, les jours d'hiver se succèdent toujours plus courts, toujours plus noirs. Tous les matins on ramasse un colibri mort dans la cage ; bientôt il n'en reste plus que deux, deux flocons de plumes vertes qui se hérissent l'un contre l'autre dans un coin...

Ce matin-là, la petite créole n'a pas pu se lever.

Comme une balancelle mahonnaise prise dans les
glaces du Nord, le froid l'étreint, la paralyse. Il fait
sombre, la chambre est triste. Le givre a mis sur
les vitres un épais rideau de soie mate. La ville
semble morte, et, par les rues silencieuses, le chasse-
neige à vapeur siffle lamentablement... Dans son
lit, pour se distraire, la créole fait luire les pail-
lettes de son éventail et passe son temps à se
regarder dans des miroirs de son pays, tout frangés
de grandes plumes indiennes.

Toujours plus courts, toujours plus noirs, les
jours d'hiver se succèdent. Dans ses courtines de
dentelles, la petite créole languit, se désole. Ce
qui l'attriste surtout, c'est que de son lit elle ne
peut pas voir le feu. Il lui semble qu'elle a perdu
sa patrie une seconde fois... De temps en temps elle
demande : « Est-ce qu'il y a du feu dans la chambre ? — Mais oui, petite, il y en a. La cheminée
est tout en flammes. Entends-tu pétiller le bois,
et les pommes de pin qui éclatent ? — Oh ! voyons,
voyons. » Mais elle a beau se pencher, la flamme
est trop loin d'elle ; elle ne peut pas la voir, et cela
la désespère. Or, un soir qu'elle est là, pensive
et pâle, sa tête au bord de l'oreiller et les yeux
toujours tournés vers cette belle flamme invisible,
son ami s'approche d'elle, prend un des miroirs

par amitié pour ce vieux Sinbad que pour m'enfoncer plus avant dans l'étude du beau pays dont
il m'avait communiqué l'amour. Ce travail de ré-
vision ne se fit pas sans peine. Tout le mémoire
était écrit dans le français bizarre que parlait M. de
Sieboldt : « Si j'aurais des actionnaires..., si je
réunirais des fonds... », et ces renversements de
prononciation qui lui faisaient dire régulièrement :
« les grandes boîtes de l'Asie » pour « les grands poètes de l'Asie », et « le Chabon » pour « le Japon »...
Joignez à cela des phrases de cinquante lignes,
sans un point, sans une virgule, rien pour respirer,
et cependant si bien classées dans la cervelle de
l'auteur, qu'en ôter un seul mot lui paraissait impossible, et que s'il m'arrivait d'enlever une ligne
d'un côté, il la transportait bien vite un peu plus
loin... C'est égal ! ce diable d'homme était si intéressant avec son Chabon, que j'oubliais l'ennui
du travail ; et lorsque la lettre d'audience arriva,
le mémoire tenait à peu près sur ses pieds.

Pauvre vieux Sieboldt ! Je le vois encore s'en
allant aux Tuileries, toutes ses croix sur la poitrine,
dans ce bel habit de colonel rouge et or qu'il ne
tirait de sa malle qu'aux grandes occasions. Quoiqu'il en fît : « brum ! brum ! » tout le temps en
redressant sa longue taille, au tremblement de

qui sont sur le lit : « Tu veux voir le feu, mignonne...
Eh bien ! attends... » Et s'agenouillant devant la
cheminée, il essaye de lui envoyer avec son miroir
un reflet de la flamme magique : « Peux-tu le voir ?
— Non ! Je ne vois rien. — Et maintenant ? —
Non ! pas encore... » Puis tout à coup, recevant en
plein visage un jet de lumière qui l'enveloppe :
« Oh ! je le vois ! » dit la créole toute joyeuse, et
elle meurt en riant avec deux petites flammes au
fond des yeux.

L'EMPEREUR AVEUGLE

OU

LE VOYAGE EN BAVIÈRE A LA RECHERCHE D'UNE TRAGÉDIE JAPONAISE

I

M. LE COLONEL DE SIEBOLDT

AU printemps de 1866, M. de Sieboldt, colonel bavarois au service de la Hollande, bien connu dans le monde scientifique par ses beaux ouvrages sur la flore japonaise, vint à Paris soumettre à l'empereur un vaste projet d'association internationale pour l'exploitation de ce merveilleux Nipon-Jepen-Japon (Empire-au-Lever-du-Soleil) qu'il avait habité pendant plus de trente ans. En attendant d'avoir une audience aux Tuileries, l'illustre voyageur — resté très Bavarois malgré son séjour au Japon — passait ses soirées dans une petite brasserie du faubourg Poissonnière, en com-

pagnie d'une jeune demoiselle de Munich qui voyageait avec lui et qu'il présentait comme sa nièce. C'est là que je le rencontrai. La physionomie de ce grand vieux, ferme et droit sous ses soixante et douze ans, sa longue barbe blanche, son interminable houppelande, sa boutonnière enrubannée où toutes les académies des sciences avaient mis leurs couleurs, cet air étranger, où il y a à la fois tant de timidité et de sans-gêne, faisait toujours retourner les têtes quand il entrait. Gravement le colonel s'asseyait, tirait de sa poche un gros radis noir ; puis la petite demoiselle qui l'accompagnait, tout Allemande dans sa jupe courte, son châle à franges, son petit chapeau de voyage, coupait ce radis en tranches minces à la mode du pays, le couvrait de sel, l'offrait à son « ounclé ! » comme elle disait de sa petite voix de souris, et tous deux se mettaient à grignoter l'un en face de l'autre, tranquillement et simplement, sans paraître se douter qu'il pût y avoir le moindre ridicule à faire à Paris comme à Munich. Vraiment c'était un couple original et sympathique, et nous eûmes bientôt fait de devenir grands amis. Le bonhomme, voyant le goût que je prenais à l'entendre parler du Japon, m'avait demandé de revoir son mémoire, et je m'étais empressé d'accepter autant son bras sur le mien, surtout à la pâleur insolite de son nez, un bon gros nez de savantasse, cramoisi par l'étude et la bière de Munich, je sentais combien il était ému... Le soir, quand je le revis, il triomphait : Napoléon III l'avait reçu entre deux portes, écouté pendant cinq minutes et congédié avec sa phrase favorite : « Je verrai... je réfléchirai. » Là-dessus, le naïf Japonais parlait déjà de louer le premier étage du Grand-Hôtel, d'écrire aux journaux, de lancer des prospectus. J'eus beaucoup de mal à lui faire comprendre que Sa Majesté serait peut-être longue à réfléchir, et qu'il ferait mieux, en attendant, de retourner à Munich, où la Chambre était justement en train de voter des fonds pour l'achat de sa grande collection. Mes observations finirent par le convaincre, et il partit en me promettant de m'envoyer, pour la peine que j'avais prise au fameux mémoire, une tragédie japonaise du seizième siècle, intitulée *l'Empereur aveugle*, précieux chef-d'œuvre absolument inconnu en Europe et qu'il avait traduit exprès pour son ami Meyerbeer. Le maître, quand il mourut, était en train d'écrire la musique des chœurs. C'est, comme vous voyez, un vrai cadeau que le brave homme voulait me faire.

Malheureusement, quelques jours après son départ, la guerre éclatait en Allemagne, et je n'entendis plus parler de ma tragédie. Les Prussiens ayant envahi le Wurtemberg et la Bavière, il était assez naturel que dans son émoi patriotique et le grand désarroi d'une invasion, le colonel eût oublié mon *Empereur aveugle*. Mais moi, j'y pensais plus que jamais ; et, ma foi ! un peu l'envie de ma tragédie japonaise, un peu la curiosité de voir de près ce que c'était que la guerre, l'invasion, — ô Dieu ! j'en ai maintenant toute l'horreur dans la mémoire, — je me décidai un beau matin à partir pour Munich.

II

L'ALLEMAGNE DU SUD

Parlez-moi des peuples à sang lourd ! En pleine guerre, sous ce grand soleil d'août, tout le pays d'outre-Rhin, depuis le pont de Kehl jusqu'à Munich, avait l'air aussi froid, aussi tranquille. Par les trente fenêtres du wagon wurtembergeois qui m'emmenait lentement, lourdement, à travers la Souabe, des paysages se déroulaient, des montagnes, des ravins, des écroulements de riche verdure où l'on sentait la fraîcheur des ruisseaux.

Sur les pentes qui disparaissaient en tournant, au mouvement des wagons, des paysannes se tenaient toutes roides au milieu de leurs troupeaux, vêtues de jupes rouges, de corsages de velours, et les arbres étaient si verts autour d'elles, qu'on eût dit une bergerie tirée d'une de ces petites boîtes de sapin qui sentent bon la résine et les forêts du Nord. De loin en loin, une douzaine de fantassins habillés de vert emboîtaient le pas dans un pré, la tête droite, la jambe en l'air, portant leurs fusils comme des arbalètes : c'était l'armée d'un prince de Nassau quelconque. Parfois aussi des trains passaient, avec la même lenteur que le nôtre, chargés de grands bateaux, où des soldats wurtembergeois, entassés comme dans un char allégorique, chantaient des barcarolles à trois voix, en fuyant devant les Prussiens. Et nos haltes à tous les buffets, le sourire inaltérable des majordomes, ces grosses faces allemandes, épanouies, la serviette sous le menton devant d'énormes quartiers de viande aux confitures, et le parc royal de Stuttgart plein de carrosses, de toilettes, de cavalcades, la musique autour des bassins jouant des valses, des quadrilles, pendant qu'on se battait à Kissingen ; vraiment, quand je me rappelle tout cela et que je pense à ce que j'ai vu, quatre ans

après, dans ce même mois d'août, ces locomotives
en délire s'en allant sans savoir où, comme si le
grand soleil avait affolé leurs chaudières, les wagons
arrêtés en plein champ de bataille, les rails coupés,
les trains en détresse, la France diminuée de jour
en jour à mesure que la ligne de l'Est devenait plus
courte, et sur tout le parcours des voies abandonnées, l'encombrement sinistre de ces gares, qui
restaient seules, en pays perdu, pleines de blessés
oubliés là comme des bagages, je commence à
croire que cette guerre de 1866 entre la Prusse et
les États du Sud n'était qu'une guerre pour rire,
et qu'en dépit de tout ce qu'on a pu nous dire, les
loups de Germanie ne se mangent jamais entre eux.

Il n'y avait qu'à voir Munich pour s'en convaincre. Le soir où j'arrivai, un beau soir de dimanche
plein d'étoiles, toute la ville était dehors. Une
joyeuse rumeur confuse, aussi vague sous la lumière que la poussière soulevée aux pas de tous ces
promeneurs, flottait dans l'air. Au fond des caves
à bière voûtées et fraîches, dans les jardins des
brasseries, où des lanternes de couleur balançaient
leurs lueurs sourdes, partout on entendait, mêlés
au bruit des lourds couvercles retombant sur les
chopes, les cuivres qui sonnaient en notes triom-
phales, et les soupirs des instruments de bois...

C'est dans une de ces brasseries harmoniques que je trouvai le colonel de Sieboldt, assis avec sa nièce, devant son éternel radis noir.

A la table à côté, le ministre des affaires étrangères prenait un bock, en compagnie de l'oncle du roi. Tout autour, de bons bourgeois avec leurs familles, des officiers en lunettes, des étudiants à petites casquettes rouges, bleues, vert de mer, tous graves, silencieux, écoutaient religieusement l'orchestre de M. Gungel, et regardaient monter la fumée de leurs pipes, sans plus se soucier de la Prusse que si elle n'existait pas. En me voyant, le colonel parut un peu gêné, et je crus m'apercevoir qu'il baissait la voix pour m'adresser la parole en français. Autour de nous, on chuchotait : « Franzose... Franzose... » Je sentais de la malveillance dans tous les yeux. — « Sortons ! » me dit M. de Sieboldt, et une fois dehors, je retrouvai son bon sourire d'autrefois. Le brave homme n'avait pas oublié sa promesse, mais il était très absorbé par le rangement de sa collection japonaise qu'il venait de vendre à l'État. C'est pour cela qu'il ne m'avait pas écrit. Quant à ma tragédie, elle était à Wurtzbourg, entre les mains de madame de Sieboldt, et pour arriver jusque-là il me fallait une autorisation spéciale de l'ambassade française, car les

Prussiens approchaient de Wurtzbourg, et l'on
n'y entrait plus que très difficilement. J'avais une
telle envie de mon *Empereur aveugle*, que je serais
allé à l'ambassade le soir même, si je n'avais pas
craint de trouver M. de Trévise couché...

III

EN DROSCHKEN

De bonne heure, le lendemain, l'hôtelier de la
Grappe-Bleue me faisait monter dans une de ces
petites voitures de louage que les hôtels ont toujours dans leurs cours pour montrer aux voyageurs
les curiosités de la ville, et d'où les monuments, les
avenues vous apparaissent comme entre les pages
d'un guide. Cette fois il ne s'agissait pas de me
faire voir la ville, mais seulement de me conduire
à l'ambassade française : « *Französische Ambassad !*... » répéta deux fois l'hôtelier. Le cocher,
petit homme habillé de bleu et coiffé d'un chapeau
gigantesque, semblait très étonné de la nouvelle
destination qu'on donnait à son fiacre, à son
droschken, pour parler comme à Munich. Mais je
fus bien plus étonné que lui, quand je le vis tourner
le dos au quartier noble, prendre un long faubourg,

plein d'usines, de maisons ouvrières, de petits jardins, passer les portes, et m'emmener hors de la ville...

— *Ambassad Französische ?* lui demandais-je de temps en temps avec inquiétude.

— *Ya, ya,* répondait le petit homme, et nous continuions à rouler. J'aurais bien voulu avoir quelques renseignements de plus ; mais le diable, c'est que mon conducteur ne parlait pas français, et moi-même, à cette époque, je ne connaissais de la langue allemande que deux ou trois phrases très élémentaires, où il était question de pain, de lit, de viande et pas du tout d'ambassadeur. Encore, ces phrases-là, ne savais-je les dire qu'en musique, et voici pourquoi :

Quelques années auparavant, avec un camarade presque aussi fou que moi, j'avais fait à travers l'Alsace, la Suisse, le duché de Bade, un vrai voyage de colporteur, le sac bouclé aux épaules, arpentant les lieues à la douzaine, tournant les villes dont nous ne voulions voir que les portes, et prenant toujours les tout petits chemins sans savoir où ils nous mèneraient. Cela nous donnait souvent l'imprévu de nuits passées en plein champ, ou sous le toit ouvert d'une grange ; mais ce qui achevait d'incidenter notre excursion, c'est que

ni l'un ni l'autre nous ne savions un mot d'allemand. A l'aide d'un petit dictionnaire de poche
acheté en passant à Bâle, nous étions bien par-
venus à construire quelques phrases toutes sim-
ples, toutes naïves comme : *Vir vollen trinken bier*,
— nous voulons boire de la bière... *Vir vollen essen
kæse*, — nous voulons manger du fromage ; malheureusement, si peu compliquées qu'elles vous
paraissent, ces maudites phrases nous coûtaient
beaucoup de peine à retenir. Nous ne les avions pas
dans la bouche, comme disent les comédiens.
L'idée nous vint alors de les mettre en musique,
et le petit air que nous avions composé s'adaptait
si bien dessus, que les mots nous entrèrent dans la
mémoire à la suite des notes, et que les uns ne
pouvaient plus sortir sans entraîner les autres.
Il fallait voir la figure des hôteliers badois, le soir,
quand nous entrions dans la grande salle du
Gasthaus et que, sitôt nos sacs débouclés, nous
entonnions d'une voix retentissante :

> Vir vollen trinken bier (*bis*)
> Vir vollen, ya, vir vollen
> Ya !
> Vir vollen trinken bier.

Depuis ce temps-là je suis devenu très fort
en allemand. J'ai eu tant d'occasions de l'appren-

dre !... Mon vocabulaire s'est enrichi d'une foule
de locutions, de phrases. Seulement je les parle, je
ne les chante plus... Oh ! non, je n'ai pas envie de
les chanter...

Mais revenons à mon droschken.

Nous allions d'un petit pas reposé, sur une
avenue bordée d'arbres et de maisons blanches.
Tout à coup le cocher s'arrêta.

« *Da !* ... » me dit-il en me montrant une maisonnette enfouie sous les acacias, et qui me parut bien
silencieuse, bien retirée pour une ambassade. Trois
boutons de cuivre superposés luisaient dans un
coin du mur, à côté de la porte. J'en tire un au
hasard, la porte s'ouvre, et j'entre dans un vesti-
bule élégant, confortable ; des fleurs, des tapis
partout. Sur l'escalier, une demi-douzaine de
chambrières bavaroises, accourues à mon coup
de sonnette, s'échelonnaient avec cette tournure
disgracieuse d'oiseaux sans ailes qu'ont toutes
les femmes au delà du Rhin.

Je demande : « *Ambassad Französische ?* » Elles
me font répéter deux fois, et les voilà parties à
rire, à rire en secouant la rampe. Furieux, je
reviens vers mon cocher et tâche de lui faire comprendre, à grand renfort de gestes, qu'il s'est
trompé, que l'ambassade n'est pas là. « *Ya, ya...* »

répond le petit homme sans s'émouvoir, et nous retournons vers Munich.

Il faut croire que notre ambassadeur de ce temps-là changeait souvent de domicile, ou bien que mon cocher, pour ne pas déroger aux habitudes de son droschken, s'était mis dans l'idée de me faire visiter quand même la ville et ses environs. Toujours est-il que notre matinée se passa à courir Munich dans tous les sens, à la recherche de cette ambassade fantastique. Après deux ou trois autres tentatives, j'avais fini par ne plus descendre de voiture. Le cocher allait, venait, s'arrêtait à certaines rues, faisait semblant de s'informer. Je me laissais conduire, et ne m'occupais plus que de regarder autour de moi... Quelle ville ennuyeuse et froide que ce Munich, avec ses grandes avenues, ses palais alignés, ses rues trop larges où le pas résonne, son musée en plein vent de célébrités bavaroises si mortes dans leurs statues blanches !

Que de colonnades, d'arcades, de fresques, d'obélisques, de temples grecs, de propylées, de distiques en lettres d'or sur les frontons ! Tout cela s'efforce d'être grand ; mais il semble qu'on sente le vide et l'emphase de cette apparente grandeur, en voyant à tous les fonds d'avenue les arcs de triomphe où l'horizon passe seul, les portiques

ouverts sur le bleu. C'est bien ainsi que je me re-
présente ces villes imaginaires, Italie mêlée d'Allemagne, où Musset promène l'incurable ennui de
son *Fantasio* et la perruque solennelle et niaise du
prince de Mantoue.

Cette course en droschken dura cinq ou six
heures ; après quoi le cocher me ramena triom-
phalement dans la cour de la *Grappe-Bleue*, en
faisant claquer son fouet, tout fier de m'avoir
montré Munich. Quant à l'ambassade, je finis
par la découvrir à deux rues de mon hôtel, mais
cela ne m'avança guère. Le chancelier ne voulut
pas me donner de passe-port pour Wurtzbourg.
Nous étions, paraît-il, très mal vus en Bavière à
ce moment-là ; un Français n'aurait pas pu sans
danger s'aventurer jusqu'aux avant-postes. Je fus
donc obligé d'attendre à Munich que madame de
Sieboldt eût trouvé une occasion de me faire
parvenir la tragédie japonaise...

IV

LE PAYS DU BLEU

Chose singulière ! Ces bons Bavarois, qui nous
en voulaient tant de n'avoir pas pris parti pour

eux dans cette guerre, n'avaient pas la moindre
animosité contre les Prussiens. Ni honte des dé-
faites, ni haine du vainqueur. — « Ce sont les
premiers soldats du monde !... » me disait avec
un certain orgueil l'hôtelier de la *Grappe-Bleue*, le
lendemain de Kissingen, et c'était bien le sentiment général à Munich. Dans les cafés on s'arra-
chait les journaux de Berlin. On riait à se tordre
aux plaisanteries du *Kladderadatsch*, ces grosses
charges berlinoises aussi lourdes que le fameux
marteau-pilon de l'usine Krupp, qui pèse cinquante
mille kilogrammes. L'entrée prochaine des Prussiens n'étant plus un doute pour personne, chacun
se disposait à les bien recevoir. Les brasseries
s'approvisionnaient de saucisses, de quenelles.
Dans les maisons bourgeoises on préparait des
chambres d'officiers...

Seuls, les musées manifestaient quelque inquiétude. Un jour, en entrant à la Pinacothèque, je
trouvai les murs nus et les gardiens en train de
clouer les tableaux dans de grandes caisses prêtes
à partir pour le Sud. On craignait que le vainqueur, très scrupuleux pour les propriétés parti-
culières, ne le fût pas autant pour les collections de
l'État. Aussi, de tous les musées de la ville, il n'y
avait que celui de M. de Sieboldt qui restât ouvert.

En sa qualité d'officier hollandais, décoré de l'Aigle de Prusse, le colonel pensait que, lui présent, personne n'oserait toucher à sa collection ; et en attendant l'arrivée des Prussiens, il ne faisait plus que se promener avec son grand costume, à travers les trois longues salles que le roi lui avait données au jardin de la cour, espèce de Palais-Royal, plus vert et plus triste que le nôtre, entouré de murs de cloître peints à fresque.

Dans ce grand palais morne, ces curiosités étalées, étiquetées, constituaient bien le musée, cet assemblage mélancolique de choses venues de loin, dégagées de leur milieu. Le vieux Sieboldt lui-même avait l'air d'en faire partie. Je venais le voir tous les jours, et nous passions ensemble de longues heures à feuilleter ces manuscrits japonais ornés de planches, ces livres de science, d'histoire, les uns si immenses, qu'il fallait les étaler à terre pour les ouvrir, les autres hauts comme l'ongle, lisibles seulement à la loupe, dorés, fins, précieux. M. de Sieboldt me faisait admirer son encyclopédie japonaise en quatre-vingt-deux volumes, ou bien il me traduisait une ode du *Hiak-nin*, merveilleux ouvrage publié par les soins des empereurs japonais, et où l'on trouve les vies, les portraits et des fragments lyriques des cent plus fameux

CONTES DU LUNDI

poètes de l'empire. Puis nous rangions sa collection
d'armes, les casques d'or à larges mentonnières,
les cuirasses, les cottes de maille, ces grands sabres
à deux mains qui sentent leur chevalier du Temple
et avec lesquels on s'ouvre si bien le ventre.

Il m'expliquait les devises d'amour peintes sur
les coquilles dorées, m'introduisait dans les inté-
rieurs japonais en me montrant le modèle de sa
maison de Yédo, une miniature de laque où tout
était représenté, depuis les stores de soie des fenêtres jusqu'aux rocailles du jardin, jardinet de
Lilliput, orné des plantes mignonnes de la flore
indigène. Ce qui m'intéressait aussi beaucoup,
c'était les objets du culte japonais, leurs petits
dieux en bois peint, les chasubles, les vases sacrés,
et ces chapelles portatives, vrais théâtres de
pupazzi, que chaque fidèle a dans un coin de sa
maison. Les petites idoles rouges sont rangées
au fond ; une mince corde à nœuds pend sur le
devant. Avant de commencer sa prière, le Japonais
s'incline et frappe de cette corde un timbre qui
brille au pied de l'autel ; c'est ainsi qu'il appelle
l'attention de ses dieux. Je prenais un plaisir
d'enfant à faire sonner ces timbres magiques, à
laisser mon rêve s'en aller, roulé dans cette onde
sonore, jusqu'au fond de ces Asies d'Orient où le

soleil levant semble avoir tout doré, depuis les
lames de leurs grands sabres jusqu'aux tranches de
leurs petits livres...

Quand je sortais de là, les yeux pleins de tous ces
reflets de laque, de jade, de couleurs éclatantes des
cartes géographiques, les jours surtout où le colonel
m'avait lu une de ces odes japonaises d'une poésie
chaste, distinguée, originale, si profonde, les rues
de Munich me faisaient un singulier effet. Le Japon,
la Bavière, ces deux pays nouveaux pour moi, que
je connaissais presque en même temps, que je
voyais l'un à travers l'autre, se brouillaient, se
confondaient dans ma tête, devenaient une espèce
de pays vague, de pays du bleu... Cette ligne bleue
des voyages que je venais de voir sur les tasses
japonaises dans le trait des nuages et l'esquisse
de l'eau, je la retrouvais sur les fresques bleues des
murailles... Et ces soldats bleus qui faisaient l'exercice sur les places, coiffés de casques japonais, et
ce grand ciel tranquille d'un bleu de *Vergiss-mein-*
nicht, et ce cocher bleu qui me ramenait à l'hôtel
de la *Grappe-Bleue !*...

V

PROMENADE SUR LE STARNBERG

Il était bien du pays bleu aussi, ce lac étincelant qui miroite au fond de ma mémoire.
Rien que d'écrire ce nom de Starnberg, j'ai revu
tout près de Munich la grande nappe d'eau, unie,
pleine de ciel, rendue familière et vivante par la
fumée d'un petit steamer qui longeait les bords.
Tout autour les masses sombres des grands parcs,
séparées de place en place, comme ouvertes par la
blancheur des villas. Plus haut, des bourgs aux
toits serrés, des nids de maisons posés sur les pentes;
plus haut encore les montagnes du Tyrol, loin-
taines, couleur de l'air où elles flottent ; et dans un
coin de ce tableau un peu classique, mais si charmant, le vieux, vieux batelier, avec ses longues
guêtres et son gilet rouge à boutons d'argent,
qui me promena tout un dimanche, et paraissait
si fier d'avoir un Français dans son bateau.

Ce n'était pas la première fois que pareil honneur lui arrivait. Il se souvenait très bien d'avoir,
dans sa jeunesse, fait passer le Starnberg à un
officier. Il y avait soixante ans de cela, et à la
façon respectueuse dont le bonhomme me parlait,

je sentais l'impression qu'avait dû lui faire ce Français de 1806, quelque bel Oswald du premier empire en collant et bottes molles, un schapska gigantesque et des insolences de vainqueur !... Si le batelier de Starnberg vit encore, je doute qu'il ait autant d'admiration pour les Français.

C'est sur ce beau lac et dans les parcs ouverts des résidences qui l'entourent que les bourgeois de Munich promènent leurs gaietés du dimanche. La guerre n'avait rien changé à cet usage. Au bord de l'eau, quand je passai, les auberges étaient pleines ; de grosses dames assises en rond faisaient bouffer leurs jupes sur les pelouses. Entre les branches qui se croisaient sur le bleu du lac, des groupes de Gretchen et d'étudiants passaient, auréolés d'une fumée de pipe. Un peu plus loin, dans une clairière du parc Maximilien, une noce de paysans, bruyante et voyante, buvait devant de longues tables en tréteaux, tandis qu'un garde-chasse en habit vert, campé, le fusil au poing, dans l'attitude d'un homme qui tire, faisait la démonstration de ce merveilleux fusil à aiguille dont les Prussiens se servaient avec tant de succès. J'avais besoin de cela pour me rappeler qu'on se battait à quelques lieues de nous. On se battait pourtant, il faut bien le croire, puisque ce soir-là,

en rentrant à Munich, je vis sur une petite place,
abritée et recueillie comme un coin d'église, des
cierges qui brûlaient tout autour de la *Marien-
Saule*, et des femmes agenouillées, dont un long
sanglot secouait la prière...

VI

LA BAVARIA

Malgré tout ce qu'on a écrit depuis quelques
années sur le chauvinisme français, nos sottises
patriotiques, nos vanités, nos fanfaronnades, je
ne crois pas qu'il y ait en Europe un peuple plus
vantard, plus glorieux, plus infatué de lui-même
que le peuple de Bavière. Sa toute petite histoire,
dix pages détachées de l'histoire de l'Allemagne,
s'étale dans les rues de Munich, gigantesque, dis-
proportionnée, tout en peintures et en monuments,
comme un de ces livres d'étrennes qu'on donne aux
enfants : peu de texte et beaucoup d'images. A
Paris, nous n'avons qu'un arc de triomphe ; là-
bas ils en ont dix : la porte des Victoires, le portique des Maréchaux, et je ne sais combien d'obélisques élevés : *à la vaillance des guerriers bavarois*.

Il fait bon être grand homme dans ce pays-là ;

on est sûr d'avoir son nom gravé partout dans la
pierre, dans le bronze, et au moins une fois sa
statue au milieu d'une place, ou tout au haut de
quelque frise parmi des victoires de marbre blanc.
Cette folie des statues, des apothéoses, des monuments commémoratifs est poussée à un tel point
chez ces bonnes gens, qu'ils ont, au coin des rues,
des socles vides tout dressés, tout préparés pour
les célébrités inconnues du lendemain. En ce
moment, toutes les places doivent être prises. La
guerre de 1870 leur a fourni tant de héros, tant
d'épisodes glorieux !...

J'aime à me figurer, par exemple, l'illustre général von der Thann déshabillé à l'antique au
milieu d'un square verdoyant, avec un beau pié-
destal orné de bas-reliefs représentant d'un côté
*les Guerriers bavarois incendiant le village de
Bazeilles*, de l'autre *les Guerriers bavarois assas-
sinant des blessés français à l'ambulance de Wœrth*.
Quel splendide monument cela doit faire !

Non contents d'avoir leurs grands hommes
éparpillés ainsi par la ville, les Bavarois les ont
réunis dans un temple situé aux portes de Munich,
et qu'ils appellent la *Ruhmeshalle* (la salle de la
gloire). Sous un vaste portique de colonnes de
marbre, qui s'avancent en retour en formant les

trois côtés d'un carré, sont rangés sur des consoles
les bustes des Électeurs, des rois, des généraux,
des jurisconsultes, etc... (On trouve le catalogue
chez le gardien.)

Un peu en avant se dresse une statue colossale,
une Bavaria de quatre-vingt-dix pieds, debout au
sommet d'un de ces grands escaliers si tristes qui
montent à découvert dans la verdure des jardins
publics. Avec sa peau de lion sur les épaules, son
glaive serré dans une main, dans l'autre la couronne
de la gloire (toujours la gloire !), cette immense
pièce de bronze, à l'heure où je la vis, sur la fin
d'une de ces journées d'août où les ombres s'allongent démesurément, remplissait la plaine silencieuse de son geste emphatique. Tout autour, le
long des colonnes, les profils des hommes célèbres
grimaçaient au soleil couchant. Tout cela si désert,
si morne ! En entendant mes pas sonner sur les
dalles, je retrouvais bien cette impression de grandeur dans le vide qui me poursuivait depuis mon
arrivée à Munich.

Un petit escalier en fonte grimpe en tournant
dans l'intérieur de la Bavaria. J'eus la fantaisie
de monter jusqu'en haut et de m'asseoir un moment dans la tête du colosse, un petit salon en
rotonde éclairé par deux fenêtres qui sont les yeux.

Malgré ces yeux ouverts sur l'horizon bleu des Alpes, il faisait très chaud là dedans. Le bronze, chauffé par le soleil, m'enveloppait d'une chaleur alourdissante. Je fus obligé de redescendre bien vite... Mais, c'est égal, cela m'avait suffi pour te connaître, ô grande Bavaria boursouflée et sonore ! J'avais vu ta poitrine sans cœur, tes gros bras de chanteuse, enflés, sans muscles, ton glaive en métal repoussé, et senti dans ta tête creuse l'ivresse lourde et la torpeur d'un cerveau de buveur de bière... Et dire qu'en nous embarquant dans cette folle guerre de 1870, nos diplomates avaient compté sur toi. Ah ! s'ils s'étaient donné la peine de monter dans la Bavaria, eux aussi !

VII

L'EMPEREUR AVEUGLE !...

Il y avait dix jours que j'étais à Munich, et je n'avais encore aucune nouvelle de ma tragédie japonaise. Je commençais à désespérer, lorsqu'un soir, dans le petit jardin de la brasserie où nous prenions nos repas, je vis arriver mon colonel avec une figure rayonnante. « Je l'ai ! me dit-il ; venez demain matin au musée... Nous la lirons ensemble,

vous verrez si c'est beau. » Il était très animé ce
soir-là. Ses yeux brillaient en parlant. Il déclamait
à haute voix des passages de la tragédie, essayait
de chanter les chœurs. Deux ou trois fois sa nièce
fut obligée de le faire taire : « Ounclé..., ounclé... »
J'attribuai cette fièvre, cette exaltation à un pur
enthousiasme lyrique. En effet, les fragments
qu'il me récitait me paraissaient très beaux, et
j'avais hâte d'entrer en possession de mon chef-
d'œuvre.

Le lendemain, quand j'arrivai au jardin de la
cour, je fus très surpris de trouver la salle des
collections fermée. Le colonel absent de son musée,
c'était si extraordinaire que je courus chez lui
avec une vague inquiétude. La rue qu'il habitait,
une rue de faubourg paisible et courte, des jardins,
des maisons basses, me parut plus agitée que d'habitude. On causait par groupes devant les portes.
Celle de la maison Sieboldt était fermée, les persiennes ouvertes.

Des gens entraient, sortaient d'un air triste.
On sentait là une de ces catastrophes trop grandes
pour le logis, et qui débordent jusque dans la rue...
En arrivant, j'entendis des sanglots. C'était au
fond d'un petit couloir, dans une grande pièce encombrée et claire comme une salle d'étude. Il y

avait là une longue table en bois blanc, des livres, des manuscrits, des vitrines à collections, des albums couverts en soie brochée ; au mur, des armes japonaises, des estampes, de grandes cartes géographiques ; et dans ce désordre de voyages, d'études, le colonel étendu sur son lit, sa longue barbe droite sur sa poitrine, avec la pauvre petite « *Ounclé* » qui pleurait à genoux dans un coin. M. de Sieboldt était mort subitement pendant la nuit.

Je partis de Munich le soir même, n'ayant pas le courage de troubler toute cette désolation à propos d'une fantaisie littéraire, et c'est ainsi que de la merveilleuse tragédie japonaise, je ne connus jamais que le titre : *l'Empereur aveugle !*... Depuis, nous avons vu jouer une autre tragédie, à qui ce titre rapporté d'Allemagne aurait bien convenu : sinistre tragédie, pleine de sang et de larmes, et qui n'était pas japonaise celle-là.

FIN

IMPRIMERIE NELSON, ÉDIMBOURG, ÉCOSSE
PRINTED IN GREAT BRITAIN

COLLECTION NELSON.

————

Chefs-d'œuvre de la littérature.

————

Chaque volume contient de
250 à 550 pages.

————

Format commode.

Impression en caractères très lisibles
sur papier de luxe.

Illustrations hors texte.

Reliure aussi solide qu'élégante.

————

Deux volumes par mois.

COLLECTION NELSON

LISTE ALPHABÉTIQUE

COLLECTION NELSON (*suite*)

LA BRUYÈRE, JEAN DE.
  Caractères.
LAMARTINE. — Geneviève.
LANG, ANDREW.
  La Pucelle de France.
LE BRAZ, ANATOLE.
  Pâques d'Islande.
LEMAÎTRE, JULES.
  Les Rois.
LE ROY, EUGÈNE.
  Jacquou le Croquant.
LÉVY, ARTHUR.
  Napoléon Intime.
LOTI, PIERRE — Jérusalem.
LYTTON, BULWER.
  Les Derniers Jours de
    Pompéi.
MAETERLINCK, MAURICE.
  Morceaux choisis.
MASON, A. E. W.
  L'Eau vive.
MÉRIMÉE, PROSPER.
  Chronique du Règne de
    Charles IX.
MERRIMAN, H. SETON.
  La Simiacine.
MIGNET.
  La Révolution Française.
  (2 vol.)
NOLHAC, PIERRE DE.
  Marie-Antoinette Dauphine.
ORCZY, LA BARONNE.
  Le Mouron Rouge.
PÉLADAN.
  Les Amants de Pise.
POE, EDGAR ALLAN (trad.
  BAUDELAIRE).
  Histoires Extraordinaires.
RENAN, ERNEST.
  Souvenirs d'Enfance et de
    Jeunesse.
SAINT-PIERRE, B. DE.
  Paul et Virginie.
SAINT-SIMON.
  La Cour de Louis XIV.
SAND, GEORGE.
  Mauprat.
SANDEAU, JULES.
  Mademoiselle de La Seiglière

SARCEY, FRANCISQUE.
  Le Siège de Paris.
SCHULTZ, JEANNE.
  La Main de Ste.-Modestine.
SCOTT, SIR WALTER.
  Ivanhoe.
SÉGUR, Cte PH. DE.
  Du Rhin à Fontainebleau.
  La Campagne de Russie.
SÉGUR, LE MARQUIS DE.
  Julie de Lespinasse.
SIENKIEWICZ, HENRYK.
  Quo Vadis ?
SOUVESTRE, ÉMILE.
  Un Philosophe sous les toits.
THEURIET, ANDRÉ.
  La Chanoinesse.
TILLIER, CLAUDE.
  Mon Oncle Benjamin.
TINAYRE, MARCELLE.
  Hellé.
TINSEAU, LÉON DE.
  Un Nid dans les Ruines.
TOLSTOÏ, LÉON.
  Anna Karénine (2 vol.).
  Hadji Mourad.
  Le Faux Coupon.
  Le Père Serge.
TOURGUÉNEFF, IVAN.
  Fumée.
  Une Nichée de Gentils-
    hommes.
VANDAL, LE COMTE A.
  L'Avènement de Bona-
    parte (2 vol.).
VIGNY, ALFRED DE.
  Cinq-Mars.
  Servitude et Grandeur Mili-
    taires. — Poésies. — Stello.
  Chatterton, etc. — Journal
    d'un Poète.
VOGÜÉ, LE Vte E.-M. DE.
  Les Morts qui parlent.
  Jean d'Agrève.
  Le Maître de la Mer.
  Nouvelles Orientales.
WENDELL, BARRETT.
  La France d'Aujourd'hui.
YVER, COLETTE.
  Comment s'en vont les
    Reines.

LES CLASSIQUES FRANÇAIS

ÉDITION LUTETIA

ŒUVRES COMPLÈTES DE

MOLIÈRE

EN SIX VOLUMES ILLUSTRÉS

Avec une Notice sur Molière et une introduction
à chaque pièce par ÉMILE FAGUET,
de l'Académie française

NELSON, ÉDITEURS,
189, rue Saint-Jacques, Paris.